自然的语文

（第二版）

ZIRAN DE YUWEN

白纯舵 著

北京师范大学出版集团
BEIJING NORMAL UNIVERSITY PUBLISHING GROUP
北京师范大学出版社

图书在版编目(CIP)数据

自然的语文/白纯舵著. —2版. —北京：北京师范大学出版社，2021.6

ISBN 978-7-303-26747-7

Ⅰ.①自… Ⅱ.①白… Ⅲ.①小学语文课－课堂教学－教学研究 Ⅳ.①G623.202

中国版本图书馆CIP数据核字(2021)第011845号

营销中心电话 010-58802135 58802786
北师大出版社教师教育分社微信公众号 京师教师教育

出版发行：北京师范大学出版社 www.bnupg.com
北京市西城区新街口外大街12-3号
邮政编码：100088

印　　刷：天津中印联印务有限公司
经　　销：全国新华书店
开　　本：710 mm×1000 mm 1/16
印　　张：14.5
字　　数：188千字
版　　次：2021年6月第2版
印　　次：2021年6月第3次印刷
定　　价：53.00元

策划编辑：冯谦益　　责任编辑：王剑虹　冯谦益
美术编辑：李向昕　　装帧设计：李向昕
责任校对：段立超　　责任印制：马　洁

再版自序：始于精道，达于精到

2017年，我来到北京市大兴区第五小学（以下简称“大兴五小”）工作，结识了一批优秀的小学语文教师。随着与他们在课堂上摸爬滚打与不断思考，我萌生了修订拙作的想法。

如果以人的生长类比，大兴五小建校38年，正值壮年。一个人的良好生长需要强壮的肌体、卓越的能力、丰富的灵魂。

到校工作后，我倡导召开教育年会。屈指算来，我们的年会已历经3载，从最初反思“精到工作中的问题意识”，到探索“精道教学的前台与后台”，再到“精到工作，成就学校审读发展”的实践，我们渴望强壮肌体，提升专业能力，加强灵魂建设。始于精道，达于精到。先精通本质和规律，再达成精细周到。我们每一个人都在这个过程中或多或少地成长着。

教育既然是我们的终身选择，育人既然是我们获得社会尊重的工作，我们为什么不在专业上精道再精到呢？为什么不在自己的前台与后台，去思考、去行动、去实现自己这份独一无二的人生价值呢？前台是呈现，后台是思考，是灵魂。保障肌体完美呈现的是能力——专业的能力。“坐而论道”不是空谈，而是在扎实的工作之后认真地思考，是高尚的精神活动，帮助我们厘清思路，明确方向。我们为什么而做？我们做的结果如何？我们还可以怎样做？

很多年前，我在读《封神榜》时读到姜子牙在渭水河边钓鱼，因为用的鱼钩是直的被旁人耻笑。我收获了“在直中取，不向曲中求”“万物之始，大道至简”的道理。

坐而论道，起而行之；只做不说则浅，只说不做则浮。我们学校的立本循道，就是要探寻本质规律，追求内在的自在状态，像阳光雨露一样自然，有分寸，且圆满。我们“精于道”的教学研究就是为了达到这个目标且行且思，且思且行，行动与思考、前台与后台共同携手，共同努力，为我们的学校发展铸造灵魂，为我们的专业发展锻炼肌体，为培养学生积蓄我们的专业能力。

大兴是首都南部的教育新高地，“大兴五小”理应以健康而美好的形象、精道而到位的专业水准，成为教育高地上的大兴地标，无愧于己，无愧于人，无愧于这个时代。

十年树木，百年树人。在建设百年老校之路上，我们都是光荣的火炬手，薪火相传。希望我们都能成为能记于史册上的熠熠闪光，希望我们都能成为孩子们念念不忘的恩师，我们给予他们立本与循道，帮助他们收获精致而圆满的人生。

自然之道，自然之语文，我与此一路相伴，无悔。

初版序

我相信，白纯舵同志的语文课堂一定是有质量、有品质的语文课堂。这是我学习了她的书稿后的直觉判断。作为一个熟悉语文课堂的教师，作为一个长年体悟语文教师甘苦的研究者，我认为自己的判断不会错。

语文教学有规律，语文教师讲专业。当你阅读了这本书后，你会感到，白纯舵同志是一位有着较高语文专业素质的老师，她对语文教学研究热衷而不跑偏，广泛而不肤浅，执着而不固执。我想，如果学生遇到的都是这样的语文教师，何愁语文素质不能提高？何愁语文课堂不能吸引学生？如果学校的每一位语文教师都这样教学与研究，何愁语文课程改革不能实现？

我读白纯舵同志的文稿，自然地就想到了语文课程改革，也自然地想到了语文教师的专业素质问题。因为，课程改革的成败归根结底取决于教师，课程改革呼唤教师提升专业品质，这已经是专家、领导、社会和语文教师的共识。新课程强调教师应该成为学生信赖的朋友，成为学生学习的促进者、课程的开发者、教学的研究者与反思者。因此，新课程需要教师重新审视自己的工作，从“职业”认识进一步提升到“专业”认识。我认为教师的专业素质包括专业知识、专业能力、专业精神。这些素质都将在实践中得到综合的提升，这种提升的过程也是专业品质提高的过程。我所说的教师的专业品质就是教师在从事教育教学专业工作中所表现出的专业品位与质量，它反映在教师工作的思想、观点、方法、精神等各个方面。读这本书，我们会感到，白纯舵同志不但热爱小学语文教学，而且善于思考，不断创新，专业品质比较高。这不只是反映在本书专门的“专业发展”的章节中，她对阅读教学、课堂实践、教学设计、师生关系的诸多论述与经验认识都反映了这一点。

怎么才能提高专业品质呢？从白纯舵同志的专业成长与成熟中，我认为有两点是非常重要的。

首先，教师要有强烈的专业精神。专业精神不是空的，不是自我感觉良好，而是有看得见、摸得着的教学实践与教学研究。白纯舵同志交给我的这本书稿，不是她研究的全部，而是她数年语文研究的精选，可见她平时的积累之丰厚。翻开书稿，一股学习的风气扑面而来，从许多论文的题目和观点以及论述就可以看出，她是个爱学习、善学习的人。她懂得教学质量来自教学研究，教学研究起始于不断的学习与思考。干一行，爱一行，就要钻一行。她就是这样一位教育工作者。书中的教学经验反映出她对语文观、语感论、课程论、教学论、主体论等理论的学习是比较深入的，并且总结出了许多好的教学经验，提出了自己的一些语文教学观点。我很欣赏这样的教师。因为她们在用自己的脑子思考语文教学，而不是套一堆专家的话，更不说那些虽然时髦、却连自己都弄不懂的话。她绝不是那种“墙上芦苇，头重脚轻根底浅；山间竹笋，嘴尖皮厚腹中空”的人。这种踏踏实实的专业精神在功利主义泛滥的今天是难能可贵的！

我和白纯舵同志认识已经多年了，这种认识开始于北京小学大兴清城分校的开办。当时她被招聘调任分校的副校长，主管教学工作。她后来到总校北京小学挂职学习，我恰巧也主管教学工作，同时又主抓学校语文教学研究，自然与她的接触较多。再后来，她调任大兴七小校长，我又应大兴教委邀请作为她的管理实践导师，因此，有更多的机会经常在一起研究教育教学问题。她给我留下的印象是比较深的，因为她爱学习，爱发问，爱追根，爱探讨，爱请教。特别是对语文教学的许多深层次的问题，她时刻关注并思考着。她的发问方式从来都是直接式，比如：“您觉得语文课程的工具性与人文性怎么统一？”“您觉得这节课是不是有点太牵强了？”“我认为这节精读教学与略读教学没有什么大的区别。您说呢？”。这就是她，一个直率的研究者——没有拐弯抹角。这种直率的研究或许也是一种好的专业精神！

其次，教师要勇于教学创新。白纯舵同志不是“能说不能练的把式”。她一直坚持课堂教学的创新探索，经常推出一些新的教学设计，用教学实践印证自己的教学认识。书中的课例虽然不多，但是足以反映她的创新意识。但是，白纯舵同志的语文教学设计创新不是为创新而创新，不是“想当然”地创新什么教学方法。她的方法创新是建立在理论学习与理论内化的基础上的。我曾经说过，语文教学理论的创新会带来教学实践的创新。这其中就包括语文教学理论的新认识对教学实践的指导作用。所以，从课例、论文、评论等能够看出，白纯舵同志没有停留在一些教学方法、教学环节的设计上，而是用教学设计、教学方法、教学实践来讲自己是如何理解语文理论与认识语文教学的。这就使教学设计有了“魂”。正是这样，她的教学实践才给了听课的老师许多启发。

谈到教师的教学创新，可以说，传统意义的教师工作缺乏创新性。曾几何时，课堂教学逐步模式化。要冲破固有语文教学设计的观念的束缚，这是需要勇气的。白纯舵同志就具有这样的勇气，敢于大胆进行教学实践创新。在这里不能不多说几句，本来对于传统语文教学应当是辩证地扬弃。然而，不知从什么时候开始，传统的教学方法、教学模式成了一成不变的东西。走遍各地，你会发现，课是那样雷同，教师的个性在教学中得不到张扬。许多教师停留于一般的“继承”，而忽视了对教学的研究和发展。教师创造性的劳动在这里打了折扣。试想，一个没有创造精神的教师又怎么能使课堂焕发活力呢？而语文课程改革给了教师焕发生命活力、进行教学创新的契机与平台，白纯舵同志正是在课改中不断成长，逐步成熟的。这种创新的品质反映了新时代中鲜明的教师文化追求。

前面讲了，我与白纯舵同志认识已经很长时间了。我们友谊的加深更多的不是因为管理工作，而是对语文教学共同的爱好、关注、研究所致。在构思这个序言时，我在想，是称其为“白老师”？还是称其为“白校长”？仔细想想，似乎都行，又似乎都不妥。既然因语文而“志同”，因语文而“道合”，还是称“白纯舵同志”吧。因为不管当不当校长，她都是我们语文教师的事业伙伴，她都会和我们语文教师一起行走在语文的研究之路上。我之所以这样说，因为我了解她——她的确钟爱语文。

教育部基础教育教学指导委员会委员

国家课程教材审查委员会专家

中国教育学会小学教育委员会副理事长

北京市特级校长、语文特级教师、正高级教师

北京小学党委书记、校长，北京小学教育集团总校长

李明新

2013 年 4 月 30 日于摇篮留学生公寓

目 录

CONTENTS

中　篇　自然的语文之行

写在前面：回归自然的自己

有人说，20岁时看山是山，看水是水。30岁时看山不是山，看水不是水。到了40岁以后，看山还是山，看水还是水。

同是山、水，表象相同，意义却已不同。

年轻时单纯，眼中的山就是山，水就是水。或执拗地认为山就该硬朗，水就该澄澈。看不惯左右逢源、看不上圆融贯通。

中年时，游历祖国的千山万水，既看到了温柔的南方的山，也领略了北方的雄峻的峰；既饱览了千姿百态的南方的水，也遍尝了北方的凛冽的泉……将来还会去目睹世界著名的山，著名的水……

山、水的表象丰富了，意义也变丰富了。随着阅历的增加，对于人生、价值、世界的理解也“变”了。

随着这一切的改变，看山非山，看水非水，既而懒得看山，也懒得看水。

不知不觉中，已过不惑。没有了年轻时的莽撞，但还保留着年轻时的热情与理想；没有了年轻时的轻狂，却积淀了些沉稳与深思，就像南方的山环绕着北方的水，又像北方的水怀抱着南方的山，圆润通融，宜进宜退，进退之间，收放自如。

过了四十，做回自己。此时的“回”，不是倒退回去，不是回到起点，也不是做“一回”，而是回到自己的本真，回归最初的看山之心、看水之情。抱有“单纯”之心，做“复杂”之事，但不再在复杂中纠结，通过自己的努力化难为易、化繁为简……一切顺其自然，淡定从容，不盲从，不麻木，怀揣一颗“热爱之心”看山看水，尽“良心”做应做之事。

这就是做“回”自己，即回到做人本身，有人的快乐，人的兴趣，人的良心，人的责任……

水般做人，山般做事。这是一位德高望重的老专家告诫我的。

当我们懵懂时，为着年轻时的那份高涨的热情，我们豪情万丈地“争取得到”；人近中年，为着可能实现的一份理想，我们也曾整束装备，全力以赴地“要”；过了“不惑之年”，冷静反思，我们到底“要”什么？金钱、利益、自我价值？还是心中那曾经的理想？

为此，我们忽略了路旁的花，清爽的风，执迷于“盆景与香风”之中，疏于思考“自然之道”……

我们曾认为，为了“得到”，放松对亲人的照顾是合情的；我们曾认为，为了“得到”，放松对自己身体的照顾是合理的；我们曾认为，为了“得到”，放弃“红装”爱“武装”是多么的洒脱……人生在世，每个人都背负太多责任与欲望，若将其全部丢掉，人生将会毫无意义；全部“得到”又何以堪？

我曾读到过这样一个故事。托尼 3 岁时，曾因抓的糖太多，致使手根本拔不出糖罐。那时的他因为贪心，结果只能哭泣。20 岁的他曾试着搬最大筐的水果，尝试失败后的他搬走了较小的那一筐水果，那时的托尼知道：每个人能力不同，量力而行，做你能做的，得到你该得到的，不要好高骛远；58 岁的他在收回债务的过程中，对欠 30 万元的债户只要 21 万元，结果是债户欢天喜地还了 21 万元，托尼在老板面前顺利完成 20 万元的收债任务，自己还得到 1 万元的奖金。三个片段，韵味深远。取舍有度，量力而行，智慧人生。

作为大自然中的一分子，作为地球上伟大的生灵——人类，我们真的好好善待自己了吗，我们真的享受内心的那份幸福与满足了吗？这样的思想会伴随着我，这样的思考会增加我旅途中的精彩。

言归正传，本书辑录的是一个热爱祖国语言文字、热爱小学语文教学的最“底层”的思考者的足迹。本想“老于闺中”，自我玩味，但在朋友的鼓励下，还是拿了出来供大家批评指正。

忽地，我想起了这句话：“请接住他，这是一个母亲在捧着自己的婴儿！”

上　篇　自然的语文之道

老子与庄子认为，道是自本自根、先于天地万物的永恒变化的本体，是不可道、不可名的终极存在，也是创生天地万物的始源。道生万物也并非有意行为和外力强制作用的结果，而是遵循"自然"。道的本性是"自然"。因此，道家主张，人类应该遵循自然之道，按照万物的自然性质，辅助万物自然地发展而不妄加干涉。那么，"自然"是什么？《诗经》云："天生烝民，有物有则。"朱熹对此有非常精到的解释："天之生此物，必有个当然之则，帮民执之以为常道……物物有则，盖君有君之则，臣有臣之则。……如耳有耳之则，目有目之则……四肢百骸、万物万事，莫不各有当然之则。"他把"自然"理解为万物存在的原则。如果破坏了原则，便是逆道而行。自然的语文又是什么？从对"自然"的解析来看，可以发现，自然的语文可从三个方面理解：一是语文的本质，"自然"便是指语文需要回归最真实的状态，追求语文最根本的价值；二是语文教学的本质，语文教学需要顺应学生的发展规律，需要让孩子的天性得到最大限度的发挥，而非外在强迫；三是语文教师的教学状态，教师在课堂中以自然的风格展现，不做作、不虚伪、不刻意，自然流露情感、自然与学生交流。根据对自然的语文的理解，上篇主要是围绕"自然的语文之道"来展开，以三个章节对自然的语文进行更为细致的解释：

第一章主要关于自然的语文之本质的思考。语文教学对于培养学生敏锐的感知力、丰富的情感力、独特的思想力、充实的想象力、深刻的理解力和高尚的审美情趣具有非常大的意义与价值。对于语文本质的思考是最深层次地把握语文精髓的思考。这一章包括对于"语文"学科本身的思考、语文教学的本质的思考，以及语文教学要尊重儿童自然天性的发展的思考。

第二章主要关于自然的语文之课堂文化的思考。课堂文化的营造是形成一种良好的氛围，一种相互交流、相互学习的氛围。氛围在潜移默化地影响着一个人的情感、情趣和情操。因此，这一章包括如何在课堂中实现这种"自然"的追求，如何解决"高效"与"自然"的关系。

第三章主要对语文教学中的重要组成部分——阅读教学进行分析。新课改后，强调语文学科的人文性和工具性的统一。尤其在阅读教学中，具有鲜明时代特色的"新概念语文教学"系列闪亮登场：创新教育、主体性教学、开放性教学、建构性教学、突破性教学、暗示教学、尝试教学、分层教学、选择性学习、研究性学习、个性化学习、合作学习等。这些尝试都在不同层次突出了学生的主体地位。就学校的语文教学而言，阅读是语文之根、学习之母、教育之本。如何在阅读教学中回归最自然的状态？如何最大限度地激发孩子的兴趣？在这一章中做了一些阐释。

第一章 自然的语文之本质

语文的自然之性

语文的教学是需要有理想和激情的，缺失理想和激情的语文是不健全的、不利于学生身心发展的，甚至是荼害学生心灵的。正如雅斯贝尔斯在《什么是教育》中所说：“教育本身就是意味着，一棵树摇动另一棵树，一朵白云推动另一朵白云，一个灵魂唤醒另一个灵魂。”当教师去扮演这样一种角色时，所需要遵循的最基本的教学方法便是尊重教育中的自然之性。那么在语文学科中如何遵循这样的原则？如何将“自然”发挥得淋漓尽致呢？本文将对此进行阐释。

一、何谓语文：追溯语文最真实的面貌

有人说：“语文课就是教师引导学生学习语文的课，是学生学习、理解和运用祖国语言文字的课，是学生听、说、读、写的综合实践课，是引导学生提高语文综合素养的课。说到底语文课就是学生学习说语文、讲语文、读语文、写语文、用语文的课。”但在我看来，语文其实是一门古老而崭新的学科。说古老，包括两层含义，一方面是时间维度上的古老，“语文”二字出现虽然不足百年，但其实质的教学却历经上千年，古时的私塾所教授的“四书五经”、诗词歌赋等都是语文重要的内容。另一方面是内容维度上的“古老”。语文学科所涵盖的内容包罗万象，上可追溯至春秋时期的作品，下可

追溯日新月异的科学进展。语文是“崭新”的学科，因为语文涉及日常交流中最基本的听、说、读、写，“时代”为决定语文发展方向的，不可或缺的核心元素之一。

二、语文教学的病态

崔峦老师在分析语文课堂的病态时，形容当今的教学中出现的“虚”“闹”“杂”“偏”的现象。“虚”：语言训练不落实、不到位，花花动作多，花拳绣腿多，花里胡哨多。内容庞杂，课件繁杂，教师不范读，不板书，淡化了教师的指导作用。课堂上不抠词、抠句，不纠正学生错误的语言，不辨析词意，不辨析字形。脱离文本的议论太多，自由诵读的琅琅书声太少。课件把学生的兴趣提起来了，可真正面对文本的时候，学生反而失去了兴趣。有些课件画蛇添足，文本还没弄清楚，就塞进了一些课外的东西。“闹”：课堂上热热闹闹，没有给学生思考的余地，也没有给学生质疑的机会。闹，反而使课堂沉闷，学生的心灵之窗紧闭，没有另类的声音，没有独特的感悟，没有多元的结论，没有因思维撞击而迸发的火花。“杂”：由于语言文字训练不落实，语文活动没能很好地开展，以牺牲工具性为代价的所谓张扬人文性，成了课堂的另一个通病。它所表现出来的现象是：语言文字太浅，思想内容太深。教师用大量时间去深究文本的思想内容，而削弱了对语言形式的把握。“偏”：因为轻视知识，导致轻视讲解、讲授等这些基本的教学方法，把接受性学习和自主、合作、探究对立起来。弱化教师职能，教师不敢严格要求学生，廉价表扬，普遍肯定。

语文教学存在的问题与我们社会存在的问题以及整个教育领域存在的问题具有关联性和一致性。而从我们语文教师自身来看，也没有将“语文”视作一个专业或是自己最爱的事业。在一些人眼里，这不过是个谋生的“饭碗”，十几年如一日地教那几篇课文，自己喜欢的“精”教，一些课文的阅读，时不时地教成了“历史课”(传统题材)、"品德课"(励志题材)、"自然科学课"(说明文);其他的"略"教,仅写写生字,读读课文……学生一周病假不来也无大碍;自己教得腻烦,学生学得反胃,这样的常态课"常态"地存在着。教师不读书,不了解文坛新讯,不咬文嚼字,指导学生阅读也是人云亦云,语文的趣味与美感何来?学生的收获和积累也是机械与被动的、枯燥与乏味的,长此以往,语文就变成了试卷上那"几道题"。

三、语文的追求:自然之性

何谓自然?《道德经·二十五章》中有:"人法地,地法天,天法道,道法自然。""自然"意味着自身具有运动源泉的事物的本质,是天地万物所要效法的原则。在道家的理念中,"自然"是非常重要的概念,包括两个方面的内容,一是自然而然,就是说尊重事物本来的样子或者说保持事物的本性;二是无为而无不为,就是说人不要妄自运用心机和巧智强行改变世间万物,而是要顺应万物的本性去做事。其实这两个方面,一个是从事物的本身说,一个是从事物之外说,但其核心都是要表达一个意思,要顺应事物最本来的面貌。

(一)自然之性的语文课堂

语文中追求自然之性,是一种本色语文、本体语文、本真语文的表现。自然强调浑然天成。不加色彩,不加修饰,不刻意雕琢,不做作矫情,不故作姿态,不故弄玄虚。语文课同样也要追求这种以自然为真的样态。

返于自然,归于纯净。教师持这种自然心态,就会心平气和,以真心与文本、与学生进行平等的对话,以真情和作者及学生进行真诚的交流。所谓"清水出芙蓉,天然去雕饰"。"自然"所带来的就是一种"平静"的状态。教师心静如水,学生雅静无声,不讲奢靡,不求浮华。师生之间、师生和文本之间有心灵的絮语,有自然的默契,有随机的暗示,有会心的微笑。这就是潜移默化,也就是"不言之教"。自然不是刻意人为,更不是平庸随意。自然之中,有时也会奇峰突起，有奇思妙想，有神来之笔；有时也会峰回路转，有曲径通幽，有柳暗花明。

回归自然语文，方露语文本色。如司空图在《二十四诗品》中所言“妙造自然”。又如苏轼所言“无穷出清新”“绚烂之极归于平淡”的意境。可见自自然然地教语文对教师的综合素养，尤其是对人文素养的要求更高了。在某种意义上说，“自然”更像一种心态、一种风格、一种修养、一种境界。

(二)自然之性的教学方法

“自然”是人或事物的自由发展与变化，《庄子·德充符》中有：“常因自然而不益生。”三国(魏)王弼《老子注·五章》中有：“天地任自然，无为无造，万物自相治理。”

语文课就是教师引导学生学习口头语言和书面语言的课。不要硬给语文课加重任务，拔高要求，也不要脱离学生实际，求全、求多。不要把教学环节设计得过于复杂，也不要使教学方法花样翻新，更不要让课件充斥课堂，喧宾夺主。一些课上，教师连珠炮式地讲话，手忙脚乱地演示，学生急匆匆地对答，扫描式地观看，没有回旋的余地，没有咀嚼、回味的时间，知识如浮光掠影，训练似蜻蜓点水。如此，知识如何能内化？技能如何能熟练？崔峦老师也提过要给语文课减肥：“化繁为简，削枝去叶，突出主干，凸显主体，理清主线。所以要念好‘字、词、句、段、篇、听、说、读、写、书(写字)’‘十字真经’，紧扣‘知识、能力、方法、习惯’‘八字要诀’，强调‘基本知识、基本能力、基本方法、基本应用’四项要求。”虽然只有简单的“十字真经”“八字要诀”“四项要求”，但在语文课堂上又有多少老师能够做到呢？

语文学科是基础工具性学科，母语是民族之魂，国家之根，智慧之泉，创新之源。从小打好母语的基础，对学生的终身发展至关重要。就小学语文教学而言，最重要的就是要奠基固本，要求切实，训练扎实，效果落实。

当前，小学语文教学中存在如下现象：热热闹闹走过场，认认真真搞形式，语言训练不到位、不落实，难认的字不多念几遍，难写的字不多写几次，该解释的词不解释，该辨析的词不辨析，该品味的句子不反复品味，该归纳的段意不归纳，至于最基本的句子、篇章知识、标点符号知识更是一溜而过。记得一位老特级教师执教《少年闰土》时发生过这样一事。文中有“秕谷”一词，学生查字典回答：“秕谷是干瘪的谷子。”一般来说，到此为止就够了，可老师又问学生：“能不能说秕枣啊？”学生答：“不能。”老师笑问：“为什么？”学生答：“因为秕字是禾旁，是专用来形容谷子的。”解释一个“秕”字，增长了多少见识啊！

教师要认真研究教学过程，因为这既是学生思维、想象的过程，也是能力培养的过程，是教学的“三维目标”统一的过程。过程由各个环节组成，随着教学进程，要环环相扣，步步为营，遇到错误要及时矫正，遇到遗漏要随时填补，发现生成性的课程资源，要随机应变，充分挖掘利用。不要视而不见，充耳不闻，仍按“预设”，一成不变。由于语文学习不可能一步到位，也不可能一蹴而就，有时需要回旋反复，有时需要重槌敲打，有时又需要“轻拢慢捻”，有时甚至需要以退为进。教师要善于审时度势，穿针引线，因势利导。

把复杂的内容变得简单明了，使冗长拖沓的教学过程变得便捷，使复杂多样的教学方法变得简单易行，这都需要教师具有很高的教学素养。荀子说：“不全、不粹之不足以为美”。但教学中要求面面俱到，平均用力，点滴勿漏是不可能的，效果也未必好。其实，正是这种“不全、不粹”，才使得语文教学更精练、更精彩。

(三)自然之性的基本原则

“自然”是不做作，不拘束，不呆板，非勉强。《晋书·裴秀传》中有：“生而岐嶷，长蹈自然。”苏轼《定惠院海棠》诗云：“自然富贵出天姿，不待金盘荐华屋。”

考试制度的羁绊，学校自身的问题，使得语文教学要求太高，任务太多，语文教师的工作被排得满满的，时间被填得死死的，将作业布置得多多的，教师哪还有多少自由活动的时间和空间？就一堂课而言，也是内容铺天盖地，似倾盆大雨，教师气喘吁吁地牵着学生走，学生匆匆忙忙地跟着教师跑。

因此，做到自然教语文，首先要营造民主、和谐、宽松的教学气氛，让学生无拘无束地放言高论，尽情地表露他们的喜、怒、哀、乐，毫无顾忌地表达他们独特的感悟、独特的理解和独特的体验。其次要留下空白，留有弹性。所谓留下空白，就是教师要引导学生深入钻研文本，坚持和文本对话，善于从文本中词与词、句与句、段与段之间的关系中去发现文本中的空白，从文本的字里行间去揣摩作者的未尽之言、未了之情，从作者写出来的文字中去发掘其未写出来的言外之意、弦外之音。所谓留有弹性，即在教学过程中根据学生的学习态势，能伸缩自如，进退有节，开合有度。一是由浅到深之间的弹性，使全班学生在一定范围内都能自由选择、自主发挥；二是从一种思路到多种思路的弹性。教师要善于打开学生的思路并梳理学生解决疑难的思路，引导学生以开放的心态，完成从一种思路到另一种思路的转换；三是从一元结论到多元结论的弹性，学生阅读文本，是重新创造的过程，因此要鼓励探讨多元结论。自然学语文，并非降低要求，放松训练，而是营造氛围，研究策略，讲求方法，让学生在有限的时空中，愉快地学习，聪明地学习，轻松地学习，高效率地学习。

自然教语文，即还原本色，复归本位，返璞归真，干好该干的事，不矫揉造作，不生拉硬拽，不牵强附会……我们做好了语文教师该做的事，用“本”收获本，用真实收获真实，用真诚收获真诚，水到渠成，自然天成。

语文教学的自然之性

我们常常在听课后，脱口而出一句话："这节课挺自然的。"听比较心仪的优秀教师的课，我脑海里不断地浮现的形容词便是"自然"。什么是自然的语文课？往大的方面讲是最理想化的，是一直在追求的境界；往小的方面讲是拥有一个又一个精彩细节的课堂。自然的语文课是一种追求，由一种整体美，体现出一种至高境界。

一、教学语言的自然

教学语言的自然是一种不做作、不虚伪的自然，语言流畅，前后逻辑连贯，自然而然就形成的。正如吉春亚老师《雅鲁藏布大峡谷》课的精致导语：

(在黑板上画屋脊)这就是屋脊，是房子的最高处。世界最高处'世界屋脊'在青藏高原(出示地图)。青藏高原有两个世界之最(出示文字和图画：最高的山珠穆 mù 朗玛 mǎ 峰)。

(对着课件图画讲解)一个世界最高，珠穆朗玛峰有 8844 米，一个世界最低，落差六千多米，它们相距很近(出示：咫 zhǐ 尺为邻)。

学生发出惊叹。

强烈的地形反差，构成了世界第一的壮观景象(板书：壮观)我们一起朗读课文的第一段。

作家绘声绘色介绍雅鲁藏布大峡谷壮丽景观、奇异景象。这壮丽的景观、奇异的景象什么时候才被发现的呢？是 10 年前科学家发现的。(出示课文中的插图)1998 年 10 月下旬，人类才开始徒步穿越雅鲁藏布大峡谷。

这些语言营造了一个静静的场，静静读书的场。所以我们可以感受到学生在用心地读，用心地思考。我们也可以感受到安安静静的环境中一样能酝酿读书的热情。教师一是将生字的学习融入其中，在读文的同时认记了该文的部分生字；二是形象地解读课文的难点——第一段的文字，又为落实本单元的学习目标“读文字、想画面”奠定基础。教师用精彩的语言在文本和学生之间架设起一座桥梁，引起学生的共鸣，深深吸引着学生，帮助学生入情入境。我想，这是一种自然而然的状态。

二、文本与实际衔接的自然

蒋军晶老师曾在大兴区讲过《麋鹿》一课，课堂开始的环节是复习字词，就已经进入了对文本语言的理解，但是一路走来的一系列设计手段：说意思，找词语—看图猜测是否是“麋鹿”—到文中去找答案—看看真正的麋鹿，介绍其主要特点—旅客提问，学生争当高级讲解员—畅谈各种感受“高兴、忧虑、感动”……看似脱离文本，实际与文本紧密相关，这种联系呈现出一种“自然”的感觉。

例如：“是啊，同学们，这是一篇说明文，我们可以在短时间内知道麋鹿的外形、生活习性和传奇经历。但是，我们仅仅知道这些知识是远远不够的，我们还要读出隐藏在这些知识背后的情感。所以，蒋老师建议你们再用心读读课文，一边读一边想，读着读着，我是否高兴了？(多媒体呈现悲伤、痛苦、忧虑、愤恨、同情、生气、感动、惊讶等词)”之后，是孩子们发自内心的体悟……

以学生的学习基础和心理基础为起点，一切从学生的基础出发，激发学生的需要，又一切服从学生的需要，所以，这节课仿佛有一条潜流，隐藏在教师轻松诙谐的引导中，隐藏在教师侃侃而谈的神韵中，隐藏在学生会心愉快的笑容中，隐藏在师生平等的对话交流中。

三、师生对话的自然

于永正老师说得好：“不能把‘对话’只是理解为‘你说我说’，也包括‘你读我读’，还有‘你想我想’”。在吉春亚老师的《小苗与大树的对话》课中，师生对话自然顺畅，丝毫没有一点刻意的地方。

师：今天我们要学的课文是——

生：《小苗与大树的对话》。

师：题目是文章的眼睛，它很吸引人，怎么吸引你们了？

生：小苗和大树其实都是指人。

生：小苗是指文中的小姑娘，名字叫苗苗，大树是指季羡林。

师：（出示课文插图）季羡林老先生是怎样的一棵大树呢？

生：（读课件上的文字）著名古文字学家、历史学家、东方学家、思想家、翻译家、佛学家、作家，精通 12 国语言。

师：1999 年 8 月 21 日，他们在北京大学内的季羡林家有一番特别有意义的对话。同桌二人一人读季羡林的话，一人读小苗的话，相互检查有没有把每个句子读通顺。

教师和学生一起平等地交流读后的感受，也许只有那么一句话，却也是对学生努力的认可。在"引导交流概括"时，吉老师又是这样与学生"对话"的。

生：苗苗说自己偏科，只喜欢语文，不喜欢数学。季老先生的看法是喜欢语文是一件好事，但是仅仅喜欢语文是不够的。不管喜欢不喜欢数学，都要学好数学。因为 21 世纪的青年要"三贯通"，即中西贯通、古今贯通、文理贯通。

师：这个"贯通"指什么呢？

生："贯通"就是要把中国和西方的、古代和今天的、文科和理科的都要弄明白。

师：我补充一点。中西方文化、古今文化、文理知识要融合在一起学习，全面地理解和领悟，达到精通。为什么季老先生倡导"三贯通"呢？国力的竞争取决于人才的竞争，21 世纪是一个知识日新月异、经济高速发展的时代，对人才提出了更高的要求，不仅要学贯中西、博古通今，还要文理兼备。只有这种综合型人才，才能适应新世纪发展的需要。他们的第三个见解是什么？

生：苗苗的见解是从她妈妈那里来的。她认为要早学英语，过了十二岁就不容易说准英语了。

生：季羡林先生也认为可以早学习英语，早学要比晚学好。他还认为学习古文很重要，一个孩子起码要背两百首诗，五十篇古文。

…………

一次开放的引导，给了学生更大的思考和理解空间，自然而然地促成了多元解读，自然而然地达成了教师、文本、学生之间和谐的对话。

语文课不能种着别人的地，荒了自家的园(别人的地可能也没种好)。作为语文教学工作者，在解读课标时，应该从语文教学的规律出发，全面把握；在解读名师的课堂时，应该更多关注技术操作背后的思想。运用绚烂的技术，拥有丰富课堂活动的语文课不一定就是能够深入学生内心的课。语文课也不是以学会生字、词，会背课文为目的的，而是以学会将外在的文字内化为心灵最真实的感受为目的的。

回归自然本真的语文教学，便是语文最美丽的表达。

■ 还“学”于生

——教学的起点和终点

我国台湾著名散文家张晓风在《我交给你们一个孩子》一文中写道，学校啊，当我把孩子交给你，你保证给他怎样的教育？今天早晨，我交给你一个欢欣诚实又颖悟的小男孩，多年以后，你将还我一个怎样的青年？

我们学校的教育思想渗透在每一节课的教学中。理想的课堂教学应从与学生的对话交流开始，根据学生的谈话，教师确定如何执教，从而真正地做到主体与主导的统一。课堂应是学生的课堂，而非教师的。正如刘铁芳教授指出的，学生动起来，却看不见教师过多自我的痕迹，课堂行云流水都是学生的云与水，而不是教师自身的流水。

经过了课程改革的洗礼，我们的课堂已有了较大改观，但仍存在着重灌输、轻培养，重应试、轻素质，重趋同、轻个性，重服从、轻创造的现象，影响着青少年创新素质和创新品格的培养。如果我们的教学没有学生学习的主动性，没有学生在教学活动中积极主动的参与，教育就可能变为“驯兽式”的学习活动。“儿童被当作灌输的对象而在严格的控制和服从下接受知识，教学显得非常有序但缺乏自由、缺乏真实而生气勃勃的生活。”①在这种教学行为之下，没有民主，学生唯老师是从，学生的个性被慢慢同化。

所以，我们的课堂教学应激发学生的学习兴趣，注重培养学生自主学习的意识和习惯。把教学的起点和终点落到学生身上。我想，教学的“起点”应是教师挑起学生的“认知冲突”并以此作为“问题”，引领教学一路前行，让学生在富于挑战的思维情境中和知识充分对话；最终以学生体悟到的所有收获作为教学“终点”，让学生的视野和生活的视野得以对接与融合，实现了知识和精神的同构共生。

一、立足基点

什么是基点？基点意为基础，即事物发展的根本或起点。教学中首先要解决的问题是：这节课到底要做什么？孩子在这节课上哪点要获得发展？

例如，有一次我在听一节数学课时就获得很大的启发。教师执教一年级《5 以内的加法》一课时，创设了这样一个情境：小河的对岸住着小兔和小猪，它们是好朋友，每天都在一起玩。可是今天不行了，小河涨水了，把小桥上的三块木板冲走了。这可怎么办呀？小兔灵机一动，把家里的两块木板拿来了，想把桥修好。此时小兔间

① 邓志伟：《个性化教学论》，202 页，上海，上海教育出版社，2002。

学生木板够不够?小猪想:我家也有木板呀?还是我来修吧。小猪拿来一块木板,又问学生能不能把桥修好?学生们都知道,小猪一个人的力量肯定也不成……此时,一年级的小朋友完全入境了,他们比小动物还急,一只只小手举得如森林中的小树苗。为了满足学生们每个人都能出谋划策的心愿,教师让学生们一起说,学生们异口同声地说:“把它们俩的木板合起来。”“合起来”一词的出现太重要了……她接着问学生:“小兔有两块木板,用 2 来表示,小猪有 1 块木板,用 1 来表示,把木板合起来,在 2 和 1 中间可以用一个什么符号来表示?”这时自然地“请”出了加号。学生深深地体会到把两部分合起来就可以用加法来表示。这浓浓的数学味使课堂变得更精彩。这种精彩源于教师对教材准确的把握,对数学本质真正地理解和教师精心的设计(实物→图形→数字→形成技能)。

再如时为北京小学大兴分校教师的李全燕接受时为北京小学教师的陈立力的指导的课例。陈老师是西城区英语学科带头人,获过全国英语口语比赛一等奖,指导多节课获全国一等奖。李全燕在反思中这样写道:单单从陈老师给学生批作业这一点上,就足以让我们看出教学的基点在哪里。第一,作业书写要求统一、严格。每一本都包好皮儿,写清班级、姓名、英文名字。作业本的第一页不用、空过去。每次作业第一行写英文日期,第二行写课题,第三行再写作业内容……每个班将近 40 名学生,随便翻阅,都是整洁干净,书写认真规范。可见陈老师从低年级起就培养了每一名学生良好的书写习惯。第二,批作业细致入微,从不漏判一个标点符号。英文书写有许多细微的要求,如书写句子开头的第一个字母要大写,单词与单词之间要留一个字母的空隙,结尾要点一个圆点儿等。陈老师在批英语听写作业时,不是一个单词、一个单词地看,而是一个字母、一个字母地看。有汉语时还要对汉字、汉语拼音加以批改,英文单词一个对钩,底下的汉语一个对钩。学生的字母占错了格,漏掉了缩写的一个圆点儿,都逃不脱陈老师的眼睛,陈老师都会在本上帮助他们点上那个红色的圆点儿，好像在提醒学生们下次书写时一定要细心。看着陈老师帮助学生修改的那一个“红点”，我仿佛听到陈老师也在对我说：“孩子们最基本的能力需要这样一点一滴地培养啊！”

我认为，“基点”就是通过真实的教学活动，让学生充分体验到成功后获得应有能力上的发展。《颜氏家训》中的“钝学累功，不妨精熟”，就是在诚挚地叙说：对待学问上的愚钝，需通过长期的练习，在实践中不断积累功力，使其逐步学会积极迁移，是可以达到新的境界的。

二、突出亮点

亮点即强的地方。突出亮点就是用自己最强的最擅长的手段、方法，帮助孩子解决难点，理解重点。

陈丹青在《退步集》中指出，面面俱到而面面俱不到，没有感觉，没有斯文，没有灵性，没有人的味道，那是绘画的绝路呀——面面俱到的教学也是这个道理，“不怕有缺点，就怕没亮点”。

例如，有的教师擅长用充满童趣、富有启发性和智慧性的语言，将知识化难为易。学习“d、t、n、l”拼音教学时，学生在发音“m、n”的读音时有些长，教师就轻声提醒学生说：“它们胆子小，不高兴了！”孩子们马上就意识到了，发出了又轻又短的“m、n”的读音。在区分“p、q”的字形时，教师笑着说：“这俩双胞胎长得太像了，你有什么好办法来区分它们吗？”类似的语言不仅生动有趣，而且让孩子们自始至终都在轻松、自主的氛围中度过，学习成了一种享受。

苏霍姆林斯基认为，让学生通过自己的努力去理解的东西，才是他真正掌握的东西。有人用一个“尝饼干”的道理说明教师在教学中要擅长用“归纳法”而不能用“演绎法”——教师问：“你们说这个饼干是什么味道啊？”同学们亲自去尝一口说：“是甜味的。”教师说：“你再尝尝。”同学们说：“好像还有点奶油味。”然后教师说：“你再尝尝。”同学们又说：“好像还有点咸味。”在这个过程中，教师主要起到一个引领学生去品味的作用，让他们自己去体会其中的味道。我校的一位青年教师反思道：我就是在让同学们自己品味之前，首先都告诉孩子们，这块饼干是甜味的，而且还有奶油味，并且还夹着一点咸味，你们说对不对啊？学生们只能回答：对。

要知道我们所面对的不是纯粹意义上的学习者，而是一个有思想，有情趣，有喜怒哀乐的完整的人。因此，我们的教学应进入孩子的生命领域，进入孩子的精神世界，让孩子的身心作为生命体参与其中，让课堂在看重工具性的同时，运用开放的课堂教学方法，使课堂充满亮点。

真正把“学”还给学生，就会有蒋军晶讲授《生命的药方》时，让学生去体验艾滋病人那孤独的内心世界，从而体会出主人公把“友爱和关怀”视为生命的药方的那种深刻；就会有吉春亚老师去外地讲授《小镇的早晨》时，面对学生已经知道小镇的恬静时，马上通过巧妙的默写——故意把“唤醒”写成“叫醒”，从而让学生贴近语言文字去理解恬静的更深含义的那种沉着；就会有贾志敏老师讲“鳞次栉比”这个词时，从字面的意思联想到鱼鳞的排列，再想到作者描绘的楼房是什么景象，带给我们什么样的感受时的那种酣畅！教育家布卢姆说过：“人们无法预料教学所产生的成果的全部范围。没有预料不到的成果，教学也就不成为一种艺术了。”教学过程是师生交往、互动的过程，学生不是配合教师上课的配角，而是具有主观能动性的人。课堂教学不应当是一个封闭系统，也不应拘泥于预先设定的固定不变的程式，要鼓励学生互动中的大胆超越和即兴创造。让课堂呈现亮点。

三、形成特点

教育心理学告诉我们，只有当学生处于积极的求知状态，以高昂的情绪主动参与，主动求知探索时，才能达到最佳的教学预期目的。

我们的老师就要特别注意思考自己的教学起点在哪里，避免做无用功。例如，张祖庆老师执教《我盼春天的荠菜》时，教学伊始，他在检查学生阅读情况的过程中，出示了一组词语：嫩蔷薇枝、才开放的映山红、青豌豆、青枣、青玉米棒子、马齿苋、野葱、灰灰菜、荠菜。这组词语在学生的视野中都是植物，可是在作者的眼中，却是赖以充饥的“美味”，教师没有把这组词定位在识读的基础上，而是巧妙地借助引读提示，将学生们带到了一个充满饥饿的童年世界：当张洁饥饿的时候，她会情不自禁地想起这些植物——（学生齐读）

当她饥饿的时候，她能吃到的也只能是这些植物——（生轮读）

饱尝饥饿的张洁，对这些植物，都有着一种特殊的感情。让我们一起读出这种感情——（学生再次齐读）细读这一教学片段，我们不难发现，其教学功能是多样的：引导学生读准生字读音；在词串中丰富词语的内涵；在多种形式的阅读中感悟作者的“馋”和“饿”。而这一环节的主要目标是读准生字读音，初步理解词语意思，为学生深入感悟冬天的严酷埋下伏笔。由于设计巧妙，在完成主要目标的同时，也实现了其他功能：一次次朗读，是学生心灵对野菜的一次次“触摸”，是学生对自己生活的一次次观照。于是，学生对张洁的童年生活有了直观的感受；于是，清脆的童音里不仅有了野菜的形象，更有了丝丝缕缕的悲悯。这就为学习下文作者理解苦难、超越苦难的感情奠定了基础。

我想，有了立足的基点（知识、技能），也就突出了亮点（学科本身的魅力），亮点有了，势必形成教师的特点。

教育应通过教人做人，教人做事，教人生活而对人生施以影响或指导。教育要为美好人生奠基，使学生优秀做人，成功做事，幸福生活。教育如此，作为母语的语文教学更应如此。还“学”于生，教学始于此，也终于此。

将学生精神生命发展的主动权还给学生

一个叫巴霍姆的人想在草原上买一块地，卖地人说："你如果愿出1000元钱，那么你从日出到日落走过的路围成的地就归你。不过你日落之前必须回到原来出发的地方，否则你的钱就算白花了。"

巴霍姆觉得很合算，就付了钱。他想走出最远的路线，得到尽可能多的土地。第二天，太阳刚刚升起，他就开始在大草原上奔跑起来。同学们，如果你是巴霍姆，你会怎样围地？课堂顿时活跃起来……

这是出现在我校六年级数学课上的一个场景，教师把托尔斯泰《一个人需要很多土地吗》中的故事巧妙地加以运用，引发学生强烈的探究欲望。即周长一定时，什么图形面积最大？我校自确立"课堂因探究而精彩"的教育思想之后，课堂上出现了很多这样的动人场面……一改学生"被动听"的"满堂灌"现象，颠覆了传统意义上的学习，学生在教师帮助、引导下主动获取和建构知识，给"学习"以新的认识，追求"将学生精神生命发展的主动权还给学生"的至高境界（叶澜语）。本着这样的教学理念，课堂上渐渐出现了许多"亮点"。

"探究教学"指学生通过自主参与获得知识的一种积极的学习过程，是让学生自己思考怎么做，甚至做什么，而不是接受教师思考好的现成的结论。既不能将探究神化、泛化，更不能将探究形式化、符号化。

一、倡导"勤于课前—隐于课中—思于课后"的课堂教学模式

课堂教学中的预设部分需要教师精心设计，其中包括"精心确定教学目标""精心预设探究亮点""精心设计板书内容"。教学目标是引

领课程发展的核心，需要准确、精练；预设是环节的设计，能够充分构思环节，但也要保留课堂教学生成的可能性；对于板书，现在多媒体的大量使用，使得传统板书的地位有所下降，但是传统板书也有其不可替代的作用，比如能够比较清晰地展现整堂课的思想脉络等，所以对于板书的设计也需要经过思考和提炼，如何用很少的字或词表达教学的核心思想。课前、课中与课后是教学必不可少的环节，如何将这三个环节有机结合，如何在这三个环节有所创新，这需要教师不断地思考，不断地加强自身教学能力，以这三个环节为载体，使课堂教学更富有生命力。

二、把握探究教学实质，还课堂教学的生动活泼

理想的探究学习课堂应该是一个充满适度竞争和阻碍的动态系统。教师给予学生探索、表达、分享思想的空间和权利，鼓励同伴质疑，且亲自参与质疑和讨论，来引发认知冲突，从而促进概念的形成。尽管学生的结论仍然和课本上是一致的，但经历的认知过程是完全不同的，他们是心服口服地放弃原有的错误概念，获得了科学概念，他们的科学态度和探究态度被触动了。

(一)让学生经历从具体事实与观察再到推理的过程

孙贵合执教《三角形三边关系》时，没有直接把书上的答案告诉学生，而是把在透明胶片上 16 厘米长的线段作为学生探究的学具，透明胶片这个学具克服了小棒有厚度的弊端，体现了在图形与几何学习中“点没有大小，线没有粗细，面没有厚薄”的特点，能让学生更好地抓住认知本质。在处理“两边之和等于第三边时围不成三角形”时，学生一开始拿着自己截成的 3 厘米、5 厘米、8 厘米的三条线段，根据已有知识，认为围不成三角形，有的学生却围成了，教师没有直接告诉学生答案，而是适时地让这个学生进行实物展示，用肉眼看确实很像一个三角形了，这时学生也认可能够围成三角形。但话锋一转，教师让学生用数据想一想：3、5、8，学生顿悟：“围

不成，因为 3+5=8，它们一样长，要连在一起，就与下面的 8 厘米重合了。”此时教师再通过课件，放大再放大，表面看起来已经围成了，但实际上存在着缝隙，学生心服口服。在这一过程中，学生由“围不成”到“围得成”，再到“围不成”是知识的一个深化，同时也使学生们感受到了数据的作用，又发展了学生的空间观念。

教师在学生探究之前和之中有过多的指导和干预，的确能减少学生犯错误或者“节省课堂时间，提高课堂效率”，但同时也打击了学生自由探索的自信和兴趣，剥夺了学生从错误、挫折中学习的机会。

(二)探索“预设目标，创设情境、搭建平台，提供指导”的教学魔力圈

关娜老师执教《空气》一课时，在导入阶段创设了一个猜物情境，把两样东西放在了不透明的杯子里，让学生们用手摸摸里面有什么。这个情境一提出来，学生们个个兴奋异常，高高地举起了小手。第一个学生摸出了一个橘子，第二个学生摸出了一块糖，关老师将这两个小礼物送给了学生。学生们兴致极高地又上来摸，可是第三个学生什么也没有摸到，第四个学生摸完之后说：“什么也没有了!”“真的吗?”关老师追问，学生们的兴趣不仅没有减少，反而更加高涨起来。学生还要来摸。“就是没有了!”有些学生着急地说着。关老师在一旁饶有兴味地观察着，有些学生眼睛盯住关老师的杯子，已经开始在认真琢磨了。有些学生突然明白了关老师的问题所指，恍然大悟！不等关老师叫他的名字，就大声地说：“还有——空气!”接着，关老师准备了水槽、塑料袋、塑料瓶、气球、吸管、粉笔、毛巾、砖块、烧杯 9 种材料，放手让学生寻找空气的存在。经过导入环节，学生此时已是跃跃欲试，迫不及待地动手操作起来，最后得出“空气无处不在”这一结论。

这一课中，教师充分地发挥了引导作用，巧妙地运用提问策略，引导和鼓励学生进行探索，没有用传统实验演示，而是提供材料让学生实践证明空气的存在。正如课标中指出的小学科学学习要以探究为核心，探究既是科学学习目标，又是科学学习的主要方式。

(三)开展“课改大课堂”活动，多方“借力”转变教学行为

以课会友，借它山之石开展“大课堂”活动。于学生而言，“大课堂”是享受优质教育资源，提高综合素质的过程。于教师而言，大课堂是将“名师引领”“专家指导”与“自身实践”有机结合，能开阔眼界，平等交流，增长技艺，以课会友。于学校而言，大课堂是学校发展必不可少的“智囊库”，拓展教学视野，推进学校培养优秀教师的进程，推动课堂教学水平的提高。同时，精彩的课堂展示及专家指导将扩充并优化学校的“课改资源库”，将成为教师教育水平不断提高的一个非常重要的途径。

要真正实现叶澜教授提出的“将学生精神生命发展的主动权还给学生”，我们还需要不断地探索，敢于创新，敢于思考。

学习者·自然事

又是开学季，作为家长，需要让孩子知道：学习是一种自然的事。认真思考、勤于追问、积极参与社会实践，这些都是“自然”要做的，就像我们吃饭、喝水，既是“活着”的必需，也是生活的自然。学习作为“自然的事”，是我们应对未来生活所必须掌握的本领，因为只有我们主动去理解世界的真相、本质和规律，才能更好地独立生活，做自己的主人。因此，我们要全力以赴，要全神贯注，要修身养德，要努力向上。作为家长，要帮助孩子不断思考，将学习做成自然事。

一、树个自然的榜样——培养自律自省意识

这个榜样，既可以是中国古代的先贤，也可以是近代的杰出人

物，还可以是身边的同学、朋友或长辈。这些榜样人物虽行业不同，但他们都具有一致的品德：有正确的目标，肯付出努力，不轻言放弃，不被干扰……

如清朝初期的著名学者、史学家万斯同在少年期因为贪玩误事，被父亲关到了书屋里。万斯同从生气、厌恶读书，到闭门思过，并从《茶经》中受到启发，开始用心读书。一年多后，万斯同在书屋中读了很多书，父亲原谅了儿子，而万斯同也明白了父亲的良苦用心。经过长期的勤学苦读，万斯同终于成为一位通晓历史、博览群书的著名学者，并参与了《二十四史》之《明史》的编修工作。

还有中国科技“众帅之帅”的朱光亚，他扎扎实实地做事，却有战略家的眼光；他“一辈子就做了一件事”，却是轰轰烈烈的大事。家长们可以和孩子一起看他们的故事，可与身边的榜样多接触、多交流。在耳濡目染、不知不觉中向榜样们学习。

二、有个自然而然的习惯——培养独立与责任意识

有人曾经问一位诺贝尔奖获得者：“你在哪所大学、哪所实验室里学到了你认为最重要的东西呢?”出人意料，这位白发苍苍的学者回答说：“是在小学。”又问：“在小学里学到了什么呢?”学者答：“把自己的东西分一半给小伙伴们；不是自己的东西不要拿；东西要放整齐，饭前要洗手，午饭后要休息；做了错事要表示歉意；学习要多思考，要仔细观察大自然。从根本上说，我学到的全部东西就是这些。”这位学者的回答，代表了与会科学家的普遍看法。可见，好习惯是多么重要!

开学了，作为家长，一是让孩子保持原有好习惯，二是再增加一项好习惯，这个习惯一定是现在必需或未来必需。如“守时”，按时到校是个好习惯，之前由父母保障，当孩子有了自主能力后，应以孩子为主确保守时，当孩子具备自主能力后(如可以乘“地铁”或自行车等作为交通工具后)，要尽力保障按时到校，这种看似“简单易

行”的习惯培养非常重要，对于培养学生的独立以及责任意识作用显著，自然而然。在这一过程中，家长要分阶段地分别予以扶持、督促、监管、表扬及奖励。其他习惯养成亦是如此。

习惯是一种顽强而巨大的力量，它可以主宰人的一生。因此，家长们从孩子幼年起就应该通过教育培养孩子良好的习惯。

三、立个自然的规矩——没有规矩，不成方圆

规矩的设立不只代表着严苛与管教，其实作为家长方面，更多表达的是家长对于孩子的爱和责任。钱锺书的父亲钱基博对儿子管教极严，在其 16 岁时，钱基博北上清华任教，寒假没回无锡。此时的钱锺书正读中学，没有温习课本，而是一头扎进了小说的世界。等父亲回来考问功课，钱锺书过不了关，于是挨了一顿痛打，这让钱锺书明白做学生是有本分的。曾国藩有 3 子 5 女，每个女儿出嫁时，曾国藩都规定，嫁妆中要有父亲亲手书写的功课单。

开学了，我们家长要抓住时机，可以和孩子立个小规矩，比如小学低年级时为“到家先洗手”“先读读自己喜欢的书”“和爸爸妈妈讲讲学校发生的趣事”；中年级时为“到家先完成书面作业再去玩儿”“睡前阅读 10 分钟”“持续完成自己喜欢的小制作”，完成个人作品收藏馆；高年级时为“独立完成书面作业”“预习第二天各科学习内容”“预习中存疑并与家人、伙伴探讨”“自由读自己喜欢的书并与家人、伙伴分享心得”……循序渐进，方得始终。

一个没有独立人格、思想的人，能有什么伟大的梦想？一个缺乏责任感、经不起磨砺的人，如何奋斗出未来？这些都要从孩子小时候，用小事情培养起来。学习者，自然事，就是这个道理。

第二章　自然的语文之课堂文化

关于自然的课堂文化的思考

特级教师吉春亚曾表示，拥有良好的语言文化底蕴，是自我成功的最大资本。但在实践课堂中，我发现，教师在课堂中，对自己的语言常常把握不到位，容易存在着这样几个问题。其一，语言不确切，不能一语中的。教师若一句话重复多次，容易让学生产生厌烦。其二，话多，不简练。如此学生便不能很好地从课堂中收获恰当的知识。其三，给人留下深刻印象的语言少。这样的课虽然有教师的精心准备，但仍不能使学生在有限的时间内获得丰富的成长。而如何删减掉课堂中多余的话，使课堂变得“自然”“不落俗套”，是我一直思考的问题。我认为“自然”的课堂应是一种最真实的课堂，不应给课堂内容添加庞杂的东西以营造出“虚幻”的现象。具体体现在以下几点。

第一，精简目标，让每一个环节慧意玲珑。简约不是简单，而是努力追求用最简洁的方法和手段，引领学生走进复杂丰富的课程，让学生学得轻松、扎实，不再视课程学习为畏途。

第二，精简问题，给学生以探究的广袤天空。课堂时间是个常数，一旦教师提问的时间多了，学生独立思考读书的时间必定减少。

第三，精简环节，让每一次预设都绽放无限精彩。看一节课是否具有无限丰富性，首先得看教学“预设”。如果“预设”的教学流程是“线性”的，那么这样的课堂往往是死水一潭。因为线性程序难以包容课堂教学的复杂多变。一问只有一答，一项任务只有一种努力的方向，且哪个问题先问，哪个问题后问，都做到“精确”的设计，和流水线操作没有两样。这样的设计，客观上抑制了课堂“生成”的可能。因此，我们倡导“非线性”的“板块预设”。这种教学设计是分支式的，一问有多答，一项任务可能出现不同的努力方向和解决路径。这样的板块设计，就为精彩的生成提供了无限可能。

第四，精简手段，让课堂教学因朴素而优雅。“丰满”是指在教学过程所呈现的课堂张力：思维的张力、情感的张力、文化的张力乃至于智慧的张力。

“自然”，是抵达内心丰富的必由路径，课堂教学只有删繁就简，才会让课堂无比丰盈。

常态课的核心价值追求

一、什么是常态课

我说的“常态课”不是一支粉笔、一本书，讲到哪里是哪里的随意课。说到常态课，我们最应先想到：实事求是、真实有效。保持正常状态，反映教学本质。教学本质是什么？是通过教与学，实现学生真正的发展。这里不仅指知识的单纯累加，而是指在掌握知识的过程中，学生的学科能力与思考水平不断提高，学习兴趣得到最大程度上的保护，学生可持续发展能力得到最大的发挥。

“常态课”指的是在常规状态、自然状态下的平常课，它是相对于现在不少刻意准备的，花了超出平时几倍、十几倍甚至几十倍的时间精心包装的，有多人帮助合作，经过反复锤炼，多次预演的观摩课、研讨课、示范课等公开课而言的。教师面对常态下的学生而形成的课也是常态课。

从管理上来说，促进常态课教学水平的提高，是从根本上提高一所学校教学质量的大道。上好常态课，我们才对得起“教师”这个职业，才能真正体会职业的快感与尊严。

二、什么是优秀的常态课

优秀的常态课应具有质朴的原力，从实际出发，注重实效。而不应是随意的、低效的。

一是体验“生长”的快感。课堂教学不能启发学生思考，让学生学习处于“零思维状态”是很可怕的。课堂上应有多种观点的分享、沟通和理解，更要有多种观点的分析、比较、归纳、批判和整合的互动过程，从而最终形成学生对知识的理解，让学生在“有效交流”中活跃思维、增长知识。

二是教学内容吸引学生。教学在行云流水之中彰显教师的功力——见解深刻、独具慧眼、循循善诱、充满智慧、精益求精，最大限度地发挥学生的潜能。

三是课堂评价要及时，并成为课堂的有机组成部分。

四是优秀的常态课要立足于让学生学有所得。每一节课之后，要让学生能够有所收获，有所发展。如果教师能让学生“一课一得”“得得相连”，让“得”扎实、深厚、丰富、持续不断，经过日积月累，学生终成大器。

五是优秀的常态课应当是让学生体会到一种“真”。教师真心地关注学生的学习，引导学生自然与真实的生活联系，自然表述真心话语，自然表达出真实的感情，让我们的课堂成为充满活力的地方。“表演课”则是“真实”状态的一种流失。课堂的真，应该以教学不离学生的实际为本，不离学生的发展为本。

三、如何提高常态课的质量

叶澜教授曾经指出，一堂好的课基本要求没有绝对标准，但有一些基本的要求，主要是“五实”——扎实的课（有意义）、充实的课（有效率）、丰实的课（生存性）、平实的课（常态下）、真实的课（有缺憾）。我想这是对常态课最好的诠释。

常态课需要有激发思考的环节。任何一种学习，无论是文化知识还是动作技能，都必须建立在学习者深入思考的基础上，才能成为有价值、有意义、有效的学习。或者可以说，思考是学习过程中不可或缺的重要环节，有没有这一环节，这一环节进行得是否深入，是评价学习过程是否有效，是否高效的关键因素。

常态课需要有情感共鸣的地方。千万不要以为教师在课堂上所传授的只是以文字为载体，可以通过一张试卷评判的知识，从而把蕴藏其中的人生态度、生活情趣、生存意识和进取精神都轻易抛弃。“心动才会行动”，投入感情，感动心灵，才能产生高效行动。

常态课需要有促进参与的方式，即从优化教学活动的内容和形式入手促进课堂参与。我们上网看到“要按语文规律开展教学”一类的理论，却未能看到被明确标明这就是“返璞归真”和“常态教学”的课堂教学实录。如果有的话，建议有关部门、有关机构从全国各地的优质课中选取编辑成资料，供广大语文教师学习参考。一来可避免广大语文教师走弯路，尽快进入“返璞归真”和“常态教学”的语文教学境地；二来可节省因研究探索而投入的大量人力、物力，何乐而不为。或许这是一个天真无知的建议，但这有些“异想天开”的建议若能实现的话，对广大的一线语文教师何尝不是一场“及时雨”呢？

常态课是家常便饭，干净、自然，一钵一饭总关情；常态课是平时的衣着，悠闲、职业，随意合身有个性；常态课是小溪流水，虽波澜不惊，却源远流长……课堂不是教师表演的舞台，而是师生交往、互动的舞台；课堂不是对学生进行训练的场所，而是引导学生发展的场所；课堂不只是传授知识的场所，更应是探究知识的场所；课堂不是教师教学行为模式化运作的场所，而是教师教育智慧充分展现的场所。

有效的课堂是自然的课堂

一、"二八定律"的由来

"二八定律"也叫巴莱多定律，是19世纪末20世纪初时意大利经济学家巴莱多发现的。他认为，在任何一组东西中，最重要的只占其中一小部分，约20%，其余80%的尽管是多数，却是次要的，因此又称二八法则。推而广之：在管理学中，通常一个企业80%的利润来自它20%的项目；在经济学中，20%的人手里掌握着80%的财富；在心理学中，20%的人身上集中了人类80%的智慧，他们天生就鹤立鸡群。20%的人享受了世界上80%的爱情。这20%的人总是享受着爱和被爱，而余下80%的人只好寻寻觅觅，苦苦追求。"二八定律"经常被引入企业管理，比如在企业中主要抓好20%的骨干力量的管理，再以20%的少数带动80%的多数员工，以提高企业效率。20%与80%只是一个数字的表示，其实真正想表达的意思是抓住普遍问题中最关键性的问题进行决策，以达到纲举目张的效应。这个原则用在时间的管理上，也是具有说服力的，它告诫我们要重新审视工作时间表，分出事情的轻重缓急，要毫不留情地抛弃低价值的活动，要永远先做最重要的事情。

二、优化课堂教学结构，合理运用"二八定律"

"二八定律"若运用于课堂教学中，又应如何来实现呢?

(一)在"20%"的时间里，我们做什么

在20%的时间里，我们要对学生进行学习习惯的培养和学习方法的指导。具体体现在以下几点。

1. **教学目标应集中而精悍**

80%的教学成果集中于20%的教学目标上。从每节课可能实现的教学目标中，精选、优选出2～3个最能实现教学效果的、具体的、切实可行的教学目标，集中优势兵力重点突破，提高课堂教学的有效性。把“大而全”的教学目标变成“小而实”的教学目标，不求面面俱到，务求命中重点。

2. **教学内容应凝练而经典**

应用“二八定律”，优化教学内容，着眼核心能力。把教材中最重要、最关键、最经典的内容提炼出来，解决关键问题。通过20%的教学内容构建核心能力，进而解决80%的教学问题，达到纲举目张的效果。

3. **教学方法应简捷而明确**

“二八定律”为教师选择教学方法提供了一个思路：80%情况下，凸显学生主体地位，特别关键的地方，即余下的20%，发挥教师主导作用。遇到教学的重点、难点或学生中普遍存在的问题等情况时，教师把学生集中起来，用最短的时间、最简捷的方式、最明确的语言把问题解决，剩下的时间留给学生自己消化吸收、探讨研究。教师的主导作用和学生的主体地位都能充分体现。

学生在该注意的时候没注意，即使注意力集中的时间很长，学习效果也不会很好；该注意的时候注意了，即使注意力集中的时间不长，学习效果也不会很差。应用“二八定律”管理学生，教师就不会强求学生整节课注意力高度集中，而会在某些关键的环节，利用自己语调、神态的变化把学生的注意力全部吸引过来。

(二)在“80%”的时间里，我们做什么

在80%的时间中，教师要保证训练活动应扎实而有效。80%的时间让给学生，让学生学会自主思考、自主创造。让每一个学生都能在80%的时间内获得新的成长。

三、“二八定律”的启示

“二八定律”告诉我们，想问题、做事情的时候要抓住最重要的部分，而不是投入最多的时间。“四两拨千斤”“事半功倍”，就是这个道理。在制定教学目标、挑选教学内容、选择教学方法、设计教学环节、管理学生注意、分配教学时间的时候，不妨借鉴“二八定律”。表面看只是个时间分配的问题，但其中蕴含着独特的教学观、学生观和课堂观。

(一)教学观

温家宝曾指出，首先从孩子做起，使他们从小培养成有独立思考能力的人，在他们进入中学、大学后，使他们能够在自由的环境下培养创造性、批判性思维。教师要给学生充足的时间进行独立思考。比如对于小学生来讲，学会计算“2＋3＝5”，与通过“2＋3＝5”的学习过程训练思维能力、语言表达能力、学习习惯、联系实际的意识和能力相比，显然后者更为重要。因此这个教学过程的设计应体现以上思想，而留有80％的教学空间，让这种教学设计大有可为。

(二)学生观

《基础教育课程改革纲要(试行)》中指出，教师在教学过程中应与学生积极互动、共同发展，要处理好传授知识与培养能力的关系，注重学生的独立性和自主性，引导学生质疑、调查、探究，在实践中学习，促进学生在教师指导下主动地、富有个性地学习。教师应尊重学生的人格，关注个体差异，满足不同学生的学习需要，创设能引导学生主动参与的教育环境，激发学生的学习积极性，培养学生掌握和运用知识的态度和能力，使每个学生都能得到充分的发展。每个学生都是独立的个体，每个学生都有独特的思维模式。在课堂上，教师要尽可能创设条件，让学生们尽情参与、尽情发挥。

(三)课堂观

“20％＋80％＝学生能力的有效提高”，将经历惊奇的时间还给学生，将发现问题的机会还给学生。在20%中充分发挥教师的主导作用，在80%中发挥学生的自主能力。

(四)应注意的问题

一是“度”的掌握。因学科、因课型制宜，教师教学方式不能过于机械。没有一模一样的课堂，课堂是在情境化、时间化的结构下产生的，需要教师灵活把控。

二是时间上的20%。这个时间可以有上下幅度。20%的时间并不是强制要求，而是提醒教师需要有意识地将课堂的时间与空间多给予学生。教师需领悟精髓，而不是生硬地在课堂中只讲20%的时间。

三是教师的20%。教师需要在有限的时间内，精简自己的语言，提炼自己的表达。

“二八定律”强调的是思想上的指导，并不是技术的强制。教师需要领会“二八定律”本质内涵，才能更好地在课堂教学中有所呈现。

从统一“形式”到追求“实质”

如果班级里能够创造一种推心置腹地交谈思想的气氛，孩子们就能把自己的各种印象和感受、怀疑和问题带到课堂上来，展开无拘无束的谈话，而教师以高度的机智引导并且参加到谈话里去，发表自己的意见，就可收到预期的教育效果。

——赞科夫《和教师的谈话》

实施“二八定律”的课堂，要权衡轻重，有所增减，安排好课堂教学结构，减少不必要的环节，抓重点，抓住主要的20%精讲。绝不能用80%的努力去产生20%的效果。

一、追求教学的实质

我们要从实现教学形式的统一，到追求教学的实质。即真正以孩子的发展为前提，真正实现学生是学习的主体，学生才会产生获得知识、增长才干的快乐，我们教师也才可能有职业的快乐。这需要很长一段时间进行历练。如果教学形式不到位，那追求实质也是没有效果的。但如果教学过于形式化，实质也会有所偏离。“二八定律”更需要体现教学的实质，而不是形式上的完满。

二、“放手”需要智慧

一位教师在教一个科目时，要面对很多的学生，稍有不慎，做些无用功，或不计时间成本进行题海战术，真不知要浪费多少时间，损耗多少精力、健康、钱财。高难度，教师自诩尽职尽责，岂不知不但苦了学生，更害惨了老师自己，盛行的“学生三年(六年)有期徒刑、老师无期徒刑”之说便是明证。

只有在某些关键的环节，教师才去利用语调、神态的变化把孩子的注意力全部吸引过来。在这样的环节中，教师精心设计、巧妙安排，每一句话、甚至每一个字都反复推敲，学生聚精会神、全神贯注。其他环节教师并不用费很多心思、下很大力气，教师因此轻松下来，获得更充足的时间观察思考。

智慧地放手会提高课堂教学的效率，同时也提升了学生的主体地位。在今天的教育模式下，很多学生掌握了大量的书本上的知识，但是缺乏独立思考和批判的能力，缺乏追求自由和正义的精神。这使得他们成为知识上的巨人、精神上的侏儒。但教师如何智慧地放手，有几点需要认真思考。

一是要有“放手”的意识：提问自己在哪里放手？放手不是放纵，不是任其随意发展，而是要选好时间、地点让学生自由发展。选择放手的点也很重要，哪里适合学生自主去学习，哪里适合学生小组合作学习，这都需要教师智慧地把握。

二是要有“放手”的设计：提问自己，重、难点处怎么做？放手的地方不一样，处理的方式、方法、态度就会不一样。这其中就涉及对于较难理解的地方，如何放手能体现学生的自主性的问题。

三是要有“放手”的过程：在实践中确定的具体操作。放手不是一蹴而就的，放手要有一个循序渐进的过程。

四是要有“放手”的反馈：反馈应有广度与深度。对于“放手”的效果，学生的表现是最好的反馈，要善于收集这些反馈，根据反馈再做进一步的调整。

放手并不意味着放纵，而是以放手换来学生更多的自主权，提升学生的自主性。中国政法大学副教授王建勋指出，教育的主要目的是将孩子们培养成独立、自由并向善的人。也就是说，将孩子们培养成具有“独立之精神，自由之思想”以及富有同情心和正义感的人。放手不仅是为了让学生们更好地获得精神上的食粮，放手更是为了让学生们的人生路上能有更大的收获。

让有限的语文课堂充满无限的欢乐

“有效”指能实现预期日的。什么是语文教学的有效性呢？就是在有限的教学时间里，学生能获得较多的语文基础知识，听、说、读、写能力得到较大的提高与发展，学习态度和习惯得以养成。“有限的教学时间”涉及一节课、一个学期、一个学年、一个年段，乃至整个小学阶段的语文学习。在各个不同的教学时间里，语文学习的目标、内容与侧重点，应该体现出不同的要求。就小学阶段来说，学生的语文学习所要达到的目标是多方面的。对此，《义务教育语文课程标准(2011年版)》〔以下简称《标准(2011年版)》〕有比较具体的阐述，但最重要的目标，可以概括为：写一手正确、整洁、比较美观的字，并有一定的书写速度；阅读1000字左右的中外文学作品，能交流阅读感受，有一定量的优秀诗文的积累；与人交流能尊重、理解对方，能把自己的想法表述清楚；写出自己的所见、所闻、所思、所感，文从字顺，内容具体，表达的是自己的真实情感；养成查阅工具书和读书看报的习惯。实现语文教学有效性的主要途径是三维目标中的“过程和方法”。这里所指的过程，狭义地讲，主要指的是课堂教学过程；方法主要指的是实现教学目标的环节、步骤。提高语文教学的有效性必须做到教学过程的优化，教学方法的行之有效，要向课堂40分钟要质量。

优化教学过程，是指在最短的教学时间内实现教学效果的最大化。要想在有限的教学时间内取得最大的语文教学效果，必须紧紧抓住语言文字训练这一条主线，尽可能剔除教学活动中的一些非语文学习的因素。叶圣陶先生指出，学生眼前要阅读，要写作，至于将来，一辈子要阅读，要写作。这种技术的训练，他科教学是不负责任的，全在国文教学的肩膀上。叶老的这句话里有一个核心词语“训练”。可见，语文教学改革用不着对“训练”一词讳莫如深，关键是训练什么，用怎样的方法训练可以使语文教学更加真实，更加有效。

叶圣陶先生也认为“教无定法”。这里面蕴含的意思很多，其中的一个意思是说教学贵在得法。要想得法，就得从教学的具体内容出发，从学生的实际出发，从教师自身的教学特点或教学风格出发，来选择教学方法或教学策略。有教学经验的教师，形成了自己的教学特色，就不要随意地放弃自己经常运用的、行之有效的教学方法，也不要刻意地模仿他人的教学方法，以避免一些地方出现的“新路子不对，老路子不会”“该教的没教，不该教的乱教”的语文教学改革之怪圈。当然，教学创新和教师不断提高教学业务水平是十分必要的。

提高教学的有效性，必须明确教师的主导作用和学生的主体地位是相辅相成的。以人为本，尊重学生的情感体验，体现个性差异等，这些理念都是对的，无可厚非。但是教师组织语文教学活动，不能由着学生的性子，想怎么学就怎么学，想读什么就读什么，课堂上天马行空，教学目标泛化，教学过程虚化，到头来肯定什么也学不好，什么也学不到，何谈有效性？很多时候，学生在学习上处于被动地位，这就使得他们对学习感到枯燥、乏味，这是学生正常的情绪反应。我们需要做的就是想方设法减少学生这种情绪的产生，调动、强化他们学习语文的积极体验，这是语文教学有效性的灵魂所在。

苏霍姆林斯基指出，在每一个年轻的心灵里，存放着求知好学、渴望知识的“火药”。就看你能不能点燃这“火药”。提高课堂教学有效性，激发学生学习的兴趣就是点燃渴望知识火药的导火索。语文课堂教学有效性就是在教学活动中，教师优化教与学的方式和手段，用最少的时间、最小的精力投入，取得理想的教学效果，实现特定的教学目标而组织实施的活动。有效的课堂教学是兼顾知识的传授、情感的交流、智慧的培养和个性塑造的过程。有效的课堂教学是全面地关照学生成长与发展的乐园，让学生在这样一种精神氛围之中接受文化的洗礼和熏染。有效的课堂教学重视教学过程的探索性，重视教学中的师生的交往与对话。有效的课堂不是机械地生产一些整齐划一的脑袋，它培养的学生是鲜活的，富有创造力的人才。

自然教学·精道课堂

社会发展越快，我们与学生的代沟越大，我们这一代人只是这个时代发展的见证人，而学生才是这个时代发展的推动者。教育改革最终要发生在课堂上。提升课堂教育质量是教育发展的根本所在，也是学校发展的永恒主题。

在自然教育理念的引领下，我推动学校逐渐形成的自然课堂，以构建“天才、地才、人才”的课堂教学体系为目标。我们追求的精道课堂，遵循“天道”，就是遵循自然规律和本质，让孩子们在课堂中思维得到发展、思想得到创造；遵循“地道”，就是因地制宜，用无可替代的专业水准赢得我们作为教师的职业尊严，获得社会的认可与尊重；遵循“人道”，就是遵循人性，顺性启心。让孩子们与自然和谐共处，相互尊重、相互依存、相互成就，在本应该的自在中生长。

顶层理念为一节好课掌舵助行，让理论落地，教师需要因地制宜，分析学情，贯通知识间的联系，在反复研磨内化中，做到理论与实际相结合。主要从“主题化”“常态化”“制度化”三方面改变课堂、改变教学。让自然课堂根植于教师内心，外化于教师实践。

一、课堂教学“主题化”研究，让学科素养落地

为了从源头改变教师的教学状态，充分发挥教师的主导作用，让学科素养真正落实于每一节常态课，每一名学生，也为了引导教师深入理解学科特点、知识结构、思想方法，科学把握学生认知规律，上好每一堂课，我们以“语文统编版教材系列研讨”为出发点，分三个步骤，通过试点先行，以点带面的形式，撬动整体教风的转变。

全员培训，首先让教师熟悉统编版教材的编写背景、编写逻辑及编写内容。重点打造，请教材样板课专家、语文特级教师多次走进课堂，跟踪反馈教师的教学行为，转变课堂教学着力点，培养学生认知能力，促进思维发展，激发创新意识。全面铺开，以低年级统编版教材研究为轮，全面带动所有年级、所有学科的转动，让教研落到课堂教学的实处，让教师们在真实的教研活动中收获成长，并将其真实地作用于课堂，求得学生真实的发展与获得。

二、课堂教学“常态化”运行，让教学更加精致

“教育家是上课上出来的”，扎实的课堂教学是通过一节课一节

课打磨出来的。追求“人人上好课，节节是好课”，让学生幸福地成长于每一节常态课中，这应该成为每一名教师的目标。通过推门课、骨干教师献优课，以及一些课赛等常规活动进一步达成精道课堂。

“推门课”是教学干部了解教师日常教学的有效手段，也指引着教师关注常态课堂。听“推门课”已经是学校管理的常态化工作，并且作为一项制度长期坚持。“推门课”不仅在于“听”，更侧重于课后的交流与反馈。让每一节课都成为一个研究对象，让每一位教师在课中都有所收获。

“骨干教师献优课”是由学校骨干教师引领组内教师关注教改，关注学科素养。从“落实核心价值观，培养学科素养”“学科实践活动”和“自然课堂”等多个层面思考，进行课堂教学展示。

大兴区小学“新星杯”青年教师基本功展示活动和大兴区小学“智慧杯”教师教学展示活动课赛是常规举行的活动。每次活动学校都有60％的教师参与其中，而每节课的推出，都需要在教研组内研讨 3 次以上，每一节课的成型都是教研组共同研究的结果，通过磨课，教师进一步加深对课程标准和学科素养的理解，进一步精致课堂教学。

三、课堂教学“制度化”构建，让改革更有保障

实现“节节是好课，人人上好课”目标并不容易，需要有强有力的制度保驾护航。因此，学校成立了教学指导委员会，由国内知名教育学者、市区教研专家、校内骨干教师及家长代表组成。加强对学校教学质量的指导与监督，对教学管理全过程进行检查、评价和咨询、指导，为学校教学改革与发展提供咨询建议和决策依据，促进良好的教风、学风及育人环境的形成。

我们尊重每一节课，也用自己的行动努力提升课的含金量。当我们初为人师，站上讲台讲第一节课的时候，课堂是职业发展的平台；当我们为琢磨一节好课，费尽心神，寝食难安的时候，课堂是

专业发展的平台；当我们将常态课都上成了精道课的时候，课堂是事业发展的平台。我们教师的一个肩膀担着孩子的现在，另一个肩膀担着国家的未来。一位老教师说：“给我一个讲台，让我做最优秀的教师，培养最优秀的学生。”

前进征程上，我们要立足课堂的育人根本；前进征程上，我们要创新育人模式；前进征程上，我们要促进教师的专业成长，提高每堂课的教学质量。正如《关于深化教育教学改革全面提高义务教育的质量的意见》中所指出的，教学要坚持知行合一，让学生成为生活和学习的主人。

研究统编教材，打造语文精道课堂

周书艳

今年9月开始，全国推行统编版语文教材的应用。应和着统编教材的变化，我校引领语文教师先行开展统编教材研究，打造语文精道课堂。

一、聚焦统编版，理性认识新教材

2017年9月，我区从小学一年级开始使用统编版语文教材。统编教材改动比较大，老师们拿到新教材，看到很多课文是新的，体例和教法是新的，面对新的教材，不熟悉的体系，担心跟不上，用起来困难。于是大兴五小在白校长的带领下成立统编版研究领导小组，并迅速组建专家团队带头开展学习培训活动。学校将一至三年级教师混编成低年级语文教研团队，全员参加全国统编版教材培训，并将统编版样本课专家邀请到校，以团队教研的方式聚焦统编版教材的研讨。面对统编版教材即将全面推开的现实，我校将每个年级的语文教学骨干抽调出来组成新的研究团队，继续开展统编版教材的研究，为今年九月统编版教材的全面实施做好了支持保障。

二、精心安排教研活动，打造样本式教研模式

为了从源头改变教师的教学状态，也为了探寻学科素养真正落

实于每一节常态课，落实于每一名学生，更为了给其他学科教研作出表率，所以2017年9月开始，我们精心安排了一年级部编版教材系列研讨活动。建立了“选定种子教师→集体听课→专家引领→改进跟踪2～3次→样本课→反思研讨”的研讨机制，真正提升教师对统编版教材的理解与应用。

三、思考新的问题与对策，关注学生实际获得

统编版教材，朗读教学所占比重很大，所有课文的课后习题都有朗读要求，随着学习的深入，朗读要求也在发生着变化。如何更有效的利用呢？我校抓住这个契机，和家长沟通阅读的好处，并向家长推荐不同年级阅读的图书。制定各年级阅读卡，回家和家长一起读。我校每周一升旗仪式后，都要进行以“用阅读润泽生命，用文字见证成长”为主题系列阅读活动，鼓励学生和老师们多读书，读好书，拓展阅读面，扩大阅读量。

统编版教材为学生学习语文的规律提供了很好的契机，我们作为热爱语文的教师，应该抓住这一契机大力培养学生学习语文的浓厚兴趣，培养学生的语文核心素养，打造语文精道课堂。

研学统编版教材，师生共成长

高建爽

2017年9月以来，学校开始在常态课的教学实践中，进行统编版教材的教学改进。面对新教材，改变教师的教学方式，改变学生的学习方式，继承文化的传承，进行价值观的引领对于我们来说是一个新的挑战。磨出一堂又一堂的好课，并如此往复下去，尤为重要。

教学是具有创造性的艺术，磨课正是这种创造性呈现的过程。怎样理解教材，怎样安排教学设计？要传递什么样的理念给孩子们？一个个问题萦绕在心中。

起初备课，由于自己解读教材不够深入，总觉得课是浮于表面

的，没有梯度。后来经过白校长的指导，思路得到了进一步梳理，脑海中的问题也迎刃而解。但每个班级的学情不一，每个学生的理解能力也各不相同，必须要有各种预设，才能应对自如。白校长又帮我做预设，教我灵活处理学生回答问题的技巧。每次试讲后，白校长都会在第一时间帮我解惑，帮我指导，哪怕一句导语，一句评价语都帮我细细地琢磨。就这样，整节课变得越来越丰满，评价越来越到位，学生的学习积极性也越来越高。白校长用自己的躬身实践让我深刻体会到成功的一节好课的艰辛和不易，体会不断磨课的进步和幸福。

磨课为了使课堂更加精益求精，促进了教师专业发展，提升了个人业务水平。教师在反思、修改、磨炼中成熟起来。研讨评课活动更是一次又一次思想的碰撞，一次又一次智慧的交流。我们共同学习，共同成长。作为学生，收获的是课堂的高效，语文学习能力的提高。

第三章　自然的语文之阅读教学

小学语文阅读教学中的“定音石”

导语是一节课最开头的部分，是课文的引导。小学语文阅读教学的导语，就是教师用来将学生的求知欲望引导到本课的内容上所使用的语言。导语的主要作用是引出当堂课的主要内容，激发学生的兴趣，使之自然进入课堂学习，形成良好的教学准备状态，从而迅速进入预定的教学轨道。但像“今天我们学习某某课，请同学们打开某某页”这样的导语，学生听后感觉味同嚼蜡，枯燥乏味；还有一些糟糕的导语，抓不到中心，与主要内容也不相关，更谈不到吸引学生，让学生如堕五里雾中，茫然不知所措。

设计良好的导语并非易事，正像高尔基说的：“开头第一句是最难的，好像音乐里的定调一样，往往要费好多时间才能找到它。”

一、转轴拨弦三两声，未成曲调先有情

罗丹说：“艺术就是感情。”语文教学这门艺术同样也离不开感情。我们应利用导语的情感因素来奠定课堂情感基调，去叩击学生的心扉，引导他们进入课文情景，使情与景偕，情与理融。

教学《爷爷的芦笛》第二课时，我是在深情的笛子曲《梦里水乡》的衬托下，和学生一起背诵第一自然段，当学生沉浸其中时，我这样开始导入：想象中的爷爷的芦笛声是那么婉转悠扬，大海如诗如

画，海边的生活简直浪漫无比、美妙绝伦，令强强神往；(指名女生读出“平时的大海”后)白天的大海风平浪静，海水是那样的柔和温润，笛声又是那样的清脆，现实中的一切和想象中的一样，强强别提多高兴了！大海可不总是风平浪静，也会有狂怒的时候，在这样的夜晚，爷爷的芦笛声又是怎样的呢？让我们一起来读读这部分。以情进入，“一石二鸟”，既入课快，又把课堂教学直接指向文章的重点部分。

特级教师于漪在讲授《人民英雄永垂不朽》时这样导入：每个同学的图画书里面都有这样一幅画——人民英雄纪念碑。她有十层楼那么高，坚硬的花岗石、汉白玉，那样庄严、那样雄伟……导语描述出了人民英雄纪念碑的巍峨及质地的坚硬，让学生在学习课文之前就有了大体的概念。

我在教学《一夜的工作》这篇课文时，预设了这样的导语：1998年3月5日是周恩来总理诞生100周年的日子，诗人宋小明写了这样一首诗——《你是这样的人》。然后我充满感情地配乐朗诵了这首诗：“把所有的心装进你心里，在你的胸前写下，你是这样的人。把所有的爱握在你手中，用你的眼睛诉说，你是这样的人。不用多想，不用多问，你就是这样的人，不能不想，不能不问，真心有多重，爱有多深……”“感人心者，莫先乎情”，如此声情并茂的导入，把学生带进了课文的学习，进而了解周总理是一个怎样的人。

导语“不是无情物”，运用好它的语言结构、声调是感动人心的重要手段。“未成曲调先有情”，以诗文、音乐诱情导课，为学生深刻准确地理解课文，陶冶情操打下了基础。这样，以“情”促学，以“情”促教，我们的教学就不会显得干瘪枯燥了。

二、曲径通幽花木深，万籁寂闻钟磬音

亚里士多德说：“思维自疑问和惊奇始。”好奇心是小学生最显著的心理品质之一，出奇制胜乃《孙子兵法》之道。疑问是探索新知的

导火索。课的导语应“暗含埋伏”，调动起学生的求知欲望。

于漪老师在讲《记金华的双龙洞》时是这样设疑铺路的。上课后她没有说话，而是在黑板上写了3个“如（ ）其（ ）”，要求学生填写。学生积极填了两个：“如见其人”“如闻其声”，而第三个却想不起来。就在学生左思右想急于求解时，于老师点拨“如临其境”，顺势引入课文：我们学一篇让我们“如临其境”的好文章——《记金华的双龙洞》。设疑让学生有探究欲望，这种疑问会让学生集中思维和注意力，教师再加以引导，学生就会沿着线索积极地去思考，从而找到答案。又如在教《只有一个地球》一课时，我在黑板上板书“有一个地球”。学生见老师写错了，便齐声喊道：“写错了，写错了！书上的标题是《只有一个地球》。您少写了一个字。”我故作满不在乎的样子说：“哎呀，只少写一个字，意思还不是一样吗！”“不一样。”学生抢答道。“那作者用‘只有’的用义何在？”我又故作一脸疑惑地问，引导学生阅读全文抓住中心。学生带着要极力辩倒老师的目的阅读文本，探索欲望自然加深。教学《天鹅的故事》时，我又“故伎重施”：“今天我们继续学习这篇课文。这是一位老人亲身经历的故事，这个故事影响了他的后半生，他从喜欢打猎到再也不打猎。到底是哪些场景深深地震撼了老人的心，让他30年都无法忘怀呢？让我们快打开书，边读边画出最感动你的场景。”

还如蒋军晶老师执教《地震中的父与子》一课时，让学生猜想老师会提什么问题，学生的求知欲望陡增：同学们，以前我们上语文课，老师都要提一些问题帮助你们学习，是吗？今天，蒋老师也决不放弃这个权利，我也要提问题，但不多，就一个，想知道这是个什么问题吗？但我不告诉你们，我让你们猜。（学生出现疑惑的神情）但猜不是胡猜，猜要有根据，要有所准备，怎么准备呢？请听清楚——（学生安静）第一，我请你们再次认真地读读课文，一边读一边想，蒋老师会抓住哪些词句来提问？会在哪里提问？如果在这里提问，我该怎么回答？第二，读书的方式你可以根据自己的习惯选择，你可以放声朗读，你可以默读，你也可以一边画一边读。听明白了吗？开始吧！

“有疑则思，进而解疑”的过程会让学生充分体验“梦里寻他千百度”的执着和“蓦然回首，那人却在灯火阑珊处”的惊喜。久而久之，会培养学生积极思考的习惯。

三、风乍起，吹皱一池春水

托尔斯泰指出，成功的教学所需要的不是强制，而是激发学生的兴趣。这话很有道理。“兴趣是最好的老师”，为了使学生对教学内容本身产生兴趣，开课的导语就应与教材内容紧密相关，牢牢地吸引住学生的注意力。

上海特级教师贾志敏执教的《推敲》是这样导入的：我们的祖先真聪明，发明了火药、指南针，还创造了许多有趣的文字。比如，“木”字，在以前这样写；再如，“休”这个字是一个人正靠在树边上；还有“步”字是两个脚叠加在一起。汉字有意思，词语更有意思。如“左右”一词，怎么理解？(学生举左手，学生再举右手)但如果将词语放到句子里，比如，“我左右不了你”，意思就大不相同了。再比如，“东西”一词，哪些是东西呢？(学生回答语文书、教棒、粉笔……)老师是东西吗？(生：你不是东西！)这不是骂人吗？(学生笑)你看，汉语是多么有生命力呀！就连外国人也觉得汉语特别有意思。再如“斟”“酌”，本来都表示“倒酒”，但两个字放在一起就表示“研究”的意思了。再看一个“推”“敲”。如果你要推门，你怎么推？(学生演示)这需要手向前发出力；如果你要敲门，你怎么敲？(学生演示)这需要用手去撞击。但“推敲”放在一起就表示“斟酌、研究”的意思了。今天，我们就来学习《推敲》这篇课文。

语文的学习重在一个“趣”字，教师导得有趣味，学生自然学得主动，学得活泼，学得有趣。贾老师的导语从有趣的中国汉字、词入手，从“木”到“休”，由“左右”至“东西”，学生时而点头称是，时而议论纷纷，时而捧腹大笑，时而精彩作答。这不仅让学生们在享受愉悦的同时学到了许多的语文知识，而且还通过这样的学习，增强了学生对汉语言文化的亲近程度，对语文的亲近程度，并更加有意识地突出了文章的主题——推敲、斟酌语言文字，可谓一举三得。

又如蒋军晶老师执教《麋鹿》时的导入：同学们，我觉得这篇课文的生字挺多，而且很难认。所以这节课我先要检查检查，这篇课文的生字你们是不是认识了，会读了，你们有信心通过检查吗？我把生字结合到这段文字里了(指多媒体)，请你们自己读一读。能读下来吗？这里有一个字特别难读，它的意思是“超过”(“逾”)。你在平时看到过这个字吗？(年逾古稀)同学们，年届 70 就是“古稀之年”，“年逾古稀”是什么意思？(就是年龄超过了 70 岁)……课的导入实效性强，将枯燥的解词变成饶有趣味的生活积累的扩充，生字的音形义的巩固自然顺畅、趣味盎然。

看来，精心设计好导语，把学生的心理调节到愿思、乐学的境界，对于提高课堂的教学效率，取得良好的教学效果，是有着很大作用的。

当然，导语的设计和运用一定要结合教学内容等多方面的客观条件，具体问题具体对待。做得得体，会收到意想不到的好效果，反之，则会事与愿违，甚至令人啼笑皆非。因此，在设计和运用课堂导语时，要忌重知轻能、忌冗长拖沓、忌平淡刻板、忌牵强附会、忌演独角戏等。

著名特级教师于漪老师指出，课的开始好比提琴家上弦，歌唱家定调，第一个音定准了，就为演奏和歌唱奠定了基础。上课也是如此，第一锤就应敲在学生的心上，像磁石一样把学生牢牢地吸引住。我想，这就是导语的作用。

论小学语文阅读教学中语感培养的意义与策略

《全日制义务教育语文课程标准(实验稿)》要求，语文课程应指导学生正确地理解和运用祖国语言，丰富语言的积累，培养语感，发展思维。从20世纪30年代夏丏尊提出语感的概念，直到90年代成为研究的焦点和热点，语感和语感教学在语文教学中的重要作用已经引起重视。语言学家吕叔湘也曾说过："语文教学的首要任务是培养各方面的语感能力。"叶圣陶说过："语言文字的训练最要紧的是训练语感。"可见，语感培养是语文教学的支点和中心任务，是语文教学的关键和突破口，语感教学在语文教学中具有重要的地位。但是，在我们的小学语文课堂教学中，或是片面追求成绩，或是对语感的认识不足、不够深刻，使得学生只学习到语文的"书面知识"，而对文字真正领悟、运用的能力比较弱。

一、何为语文阅读的语感

究竟什么是语感？夏丏尊先生认为，对于文字有灵敏的感觉。姑且名这感觉为语感。夏丏尊在《文心·语汇与语感》中指出，语感是"对于词类的感觉力"。叶圣陶在《文艺作品的鉴赏》中也对语感做了描述：了解一个字、一个词的意义和情味，单靠翻查字典是不够的。必须在日常生活中随时留意，得到真实的经验，对语言文字才会有正确丰富的了解力，换句话说，对于语言文字才会有灵敏的感觉。这种感觉通常叫作"语感"。这是我国关于语感的最早解释。近几年来，关于语感的本质特征不乏有见地的阐述。李海林从语言学的角度认为语感是一种语言运用能力，"是对语言隐含意义的一种深刻的直觉"。杨炳辉、杨成章、苏廷桢主要是从心理学的角度来确定语感的本质特征。杨炳辉认为语感是一种心智技能，"是感性和理性相统一的一种悟性，是一种理性的直觉性，或者说是一种直接的理解”。韦志成认为“语感是对语言文字或语文现象的敏锐感知和迅速领悟的能力，或者说是人对语言直觉地感知、领悟和把握的能力，是对语言文字从语表到语里，从形式到内容，包括语音、语义、语法、语用等在内的一种‘正确丰富的了解力’”。综上所述，语感是人们对语言文字或语文现象的敏锐感和迅速领悟的能力。语感不仅包括语言文字表面意义的了解，深层意义的领会，更重要的是能从这些意义中，品味出其中的情趣，体会其中的感受。

二、在语感培养中存在哪些问题

课堂教学中对于学生语感的培养，存在很多问题，综合来说，有以下几类。

一是逻辑思维训练被忽视。我们知道，语感作为直觉思维，固然有直接性、整体性、敏捷性等突出优点，但不能否认，语感形成有一个过程，过程中逻辑思维也在起作用，如整体感知，就需要逻辑思维方法——概括(只不过这种概括在表面上没有明显的推理过程)，可以说，没有概括这种逻辑思维参与，就谈不上整体感知，也就谈不上语感形成。因此，在语感培养过程中，逻辑思维训练仍应放在十分重要的位置。

二是生活体验被冷落。教师课堂教学中忽视学生的生活体验，没有进入到学生所生活的语境话语中。叶圣陶先生指出，要求语感的锐敏，不能单从语言文字上揣摩，而要把生活经验联系到语言文字上去。生活体验是一种非言语实践，它包括生活知识经验、自然风物知识经验和人生社会知识经验等体验，没有这种体验，语感培养是苍白的，语感培养就会重蹈“死读书，读死书”的覆辙。

三、培养学生语感的途径有哪些

良好的语感至少应具备如下四种品质。其一，敏锐的感知。感受语言文字的心理过程是从感知开始的，对口头语言、书面语言的敏锐感知是构成灵敏语感的首要条件。言语听觉不灵敏，是很难分辨语音的，对韵语、韵文的感受力也差；对文字的视觉不灵敏，则难以对文章的词语、句子、篇章、思想、情感迅速地做出直觉判断。而有的人能“一听就懂”“一目十行”，就是由于对语言文字的敏锐感知。其二，直觉的思维。语感是靠直觉思维，一般不依赖于分析思维，有些人读文章，并未用语法规则和语文知识进行专门分析，就能敏捷、准确地发现哪些词语用得好，哪些段落写得精妙，哪些地方特别感人，便是从直觉思维中获得的。其三，丰富的联想和想象。夏丏尊指出，在语感锐敏的人的心里，“赤”不但解作红色，“夜”不但解作昼的反对吧。“田园”不但解作种菜的地方，“春雨”不但解作春天的雨吧。见了“新绿”二字，就会感到希望、自然的化工、少年的气概等等说不尽的旨趣。见了“落叶”二字，就会感到无常、寂寥等等说不尽的意味吧。真的生活在此，真的文学也在此。语感是基于生活经验，通过联想和想象产生的。其四，真切的情感体验。语言是表达思想情感的，因而语感必然包含情感因素。要获得真切的语感，就要切己体察，把眼前耳边的语言文字同自己生活中已有的情感联系起来。这正如叶圣陶所提过的，要求语感的敏锐，不能单从语言文字上揣摩，而是要把生活经验联系到语言文字上去。

语感教学的途径可以分为两大类。一是语感实践。就是让学生接触和使用具体的语言材料，通过听、读、抄、背、讲、写，对学生的言语器官反复进行言语刺激，使学生大脑皮层的细胞之间逐渐形成牢固的联系系统。这种联系系统的熟练化、技能化、自动化，就形成了敏锐、准确、丰富的语言感受能力。语感实践是获得良好语感的重要途径。二是语感分析。就是让学生在语感实践中，就语言材料的内容、形式和感受过程本身，以理性的方式做出分析判断。重点是分析语言意义的生成机制，分析语言在这里是怎样使用的。

语感教学方法主要有四种。一是指导学生朗诵、吟诵。这里的朗读，就是叶圣陶所说的“美读”，要读得感情充沛，抑扬顿挫，以情动容。有时一篇文章通过有感情地朗读会得到意想不到的收获。二是引导学生揣摩比较。叶圣陶指出，一篇作品只读一两遍，未必理解得透，必须多揣摩。激发学生兴趣，引起阅读热情。三是指导学生切身体察。在语文教学中，如果切断了语言文字和学生生活的密切联系，即使是十分优秀的作品也难以感受到其意义和情味。叶圣陶说得好：如果单靠翻字典，就得不到什么深切的语感。唯有从生活方面去体验，把生活所得到的一点一滴积聚起来，积聚得越多，了解就越深切。文字来源于生活体验，没有充足的生活体验，很难与作者或文字产生共鸣。四是启发学生联想和想象。语感教学需要大量形象思维的参与，形象思维能力是语言感受能力的重要成分，因而在教学中对联想和想象应予以足够重视。

小学语文教师必须深刻认识语感培养的重要性，在阅读教学中自觉地运用语言规律和儿童心理发展规律指导学生的语感训练。从夏丏尊和叶圣陶倡导语文教学应该重视语感训练至今的半个世纪，许多人已经在理论方面做了大量研究，但是我们在实践中却仍未加以重视。这需要引起我们每一位语文教师的关注，也需要我们勇敢地尝试。

开展语感研究

——在语文实践中培养学生运用语言的能力

《标准(2011 年版)》指出，语文课程是实践性课程，应着重培养学生的语文实践能力，而培养这种能力的主要途径也应是语文实践。众所周知，小学语文课程的目标指向主要不在传授语文知识，而重在形成语文能力，掌握语文工具。知识是可以传授的，而能力只能在相关的实践活动中获得。叶圣陶指出，语文教学的目标是养成阅读书籍的习惯，培植欣赏文学的能力，训练写作文字的技能，要“以学生获得实益，练成读作之熟练技能为要”。而培养“读作熟练之技能”，关键不在于教师的教，而在于学生自己的“读作”实践。吕叔湘也曾提出，使用语文是一种技能，跟游泳、打乒乓球等技能没有什么不同的性质，不过语文活动的生理机制比游泳、打乒乓球等活动更加复杂罢了。从某种意义上说，语言及一切技能都是一种习惯。凡是习惯都是通过多次反复的实践养成的。在一个教学实例《列宁和卫兵》中，学生通过阅读能清晰地记忆文本内容，但对文本语言，包括一些很有表现力的词语句子，却没有留下记忆。比如，课文开头写：清晨，阳光透过薄雾，金色的光辉洒在高大的斯莫尔尼宫上。教师让学生转述，学生说：“清晨，太阳照在斯莫尔尼宫上。”文本意思都在，但是文本中丰富的语词却没有了。课文用“阳光透过薄雾，金色的光辉”这个短语来表达此时此刻的“太阳”状态和景观，用“洒”来表达“照”的意思，而学生转述时只会运用自己原来掌握的简单语词来“述意”，而没有记住文本中丰富多彩的语词，“得意而忘言”的阅读，忽略的正是语文课程非常重要的一项教学任务——语言的学习。

语感研究不能仅仅只停留于理论层面，而要实实在在地在课堂中进行尝试。经过前期的理论准备，在理论的基础上做出一些实践的尝试，以丰富和提高语感教育的实践方法。

第一，加强“品读”教学，课堂上要“咬文嚼字”，录制“咬文嚼字”片段，供教师集体会诊，从正确的方面引导教师注重对学生“字词句段篇”的训练。因为听一个班学生发言是否有声有色，是否带着真情实感，这里面就蕴藏着浓浓的语感。语感需要一点点培养，一点点熏陶。同学之间、师生之间有着强烈的感染效应。

第二，编辑《“被丢失的良好语感”反思案例集》，旨在提高教师自身的语感，教学时不只是给学生语文知识、写作知识，而应培养学生浓厚的语文兴趣。如果没有把语文当作有情感的工具去用，别说3000字，就是5000字，每个字都是没滋没味的。我们有时在课堂上，会看到教师对学生的发言反应迟钝，学生读错听不出来，所以对“字、词、句”的教学不能只停留在知识上，而不去提高语感。教师提高语感不仅能够增强教师对于文章的理解，也同样能够感染学生。

第三，分年级进行语感能力的培养，明确各年级语感培养目标。

每个阶段都具有每个阶段的特点，所以培养语感的目标也是不一样的。比如：

低年级——在阅读中能够把思想感情表达出来，说出有意思的话，带着真情实感说自己想说的话。

中年级——有意识地做好阅读教学的一个教学环节，建立对语言的感情。课堂上有声有色地去表达，并能迅速地去发现别人发言中精彩的地方，表示欣赏；培养学生发现别人发言中错误的地方，予以纠正。养成学生对每个字的发音、每个句子的表达；倾听别人发言时，对语言文字的情感、表达等方面都很敏感。

高年级——逐步知道准确、生动、有哲理的语言是语感好；出口成章、下笔成文，对语言敏感。能悟出语文之道，表现为听别人、看别人——对“对方口头与书面”发言、用词当中的错误要能觉察出；要能分辨一种表达是平平淡淡还是有滋有味的，语言信息的捕捉要快。

第四，开展读书小组或读书日活动，如推荐“好文章”等。除了在课堂有限的时间进行阅读，还可以在课外开展多种阅读活动，以激发学生的阅读兴趣与热情。用学生的眼光来看待什么是好文章，给学生以自主的空间，也给学生们相互学习交流的机会。

第五，开展“批判式阅读”教学研究，培养“针对同一阅读材料，能从不同角度表达不同观点和看法”的习惯和表达能力。在“批判式阅读”方式的运用时，也培养学生对他人观点的接纳与包容。

第六，开展话题训练。紧紧抓住课堂教学，只要张嘴说话、用词，就要抑扬顿挫、有情感；不牵强附会，语文课上不要背书，不要重复别人的话……日积月累，慢慢形成班风，生活中也这样去讲话，“文才＋口才”就是学生语文素养高、也是良好语感的表现。

第七，组织各种语文活动，增强语言实践，如小型演讲比赛、小辩论会、朗读比赛等。这些活动是语言能力的综合运用，当然也是语感培养非常好的途径。

第八，创办校刊，让学生的习作有施展的天地。让学生学会将自己所想、所思用文字的形式表达。语感不仅指口头表达，也指书面表达。优美的文字也是一种美的欣赏。

第九，利用网络博客，建立师生、生生之间迅速交流的平台。这其实就是加强联系，在交流中学会文字的运用，在生活的习俗中培养语感。

第十，利用“文献法”，总结“语感教学”理论，提供新模式。这是实践经验的再提升，很多教师有一些好的提高语感的方法，但却不能传达给别人，以供别人欣赏和借鉴。所以教师需要将自己在教学中的实践经验进行提升。

…………

郭沫若先生曾提出，但凡一个作家或诗人要有对于言语的敏感，这东西“如水到口，冷暖自知”，这种敏感的培养在儿童时代的教育很重要。生活处处有语文，语文时时有语感。培养语感对于学生听、说、读、写能力的形成，能起到积极的促进作用；它对学生学习语文的兴趣和好的学习习惯的培养也有着不可忽视的作用；它为语文教学的改革提供了更加广阔的天地；它与真正落实语言文字的训练，提高语言文字训练的质量有着更直接的关系，是语言文字训练的最高境界；它是提高语文素质的重要手段之一。作为小学语文教师，我们必须深刻认识到语感培养的重要性。在阅读教学中自觉地运用语言规律和儿童心理发展规律指导学生的语感训练。

■ 小学语文阅读教学中“以读为本”的思考

一、“以读为本”提出的背景

所谓“以读为本”，就是指小学语文阅读教学中以多种形式、多种层次的朗读作为课堂教学的主要手段和内容。具体地说，就是教师要指导学生读得充分、读得准确；读得主动、读得灵活；读得深入。

目前小学语文教学中，相当多的教师已经重视了朗读。他们在教学中安排了一定量的朗读，也能注重提高学生有感情朗读的能力。但是，还存在着某些不足之处：一是现在有一种倾向，几乎把朗读作为唯一的教学形式；二是由于对学生“自主学习”的领会有偏差，忽视了教师“导”的作用；三是在进行朗读的同时，忽视了品味和理解重点词、句。这样，就造成了学生对文章的理解浮于浅表、不够深入；教师对学生朗读中的不足之处不敢加以指导，怕出现“牵”的嫌疑；还有，对语言文字真正意义上的积累、内化的过程应该使学生感悟到文章的重点段、句、词写得好，如果缺少了这种品味和理解，这种“积累”也只能是表面和机械的了。因此，我们还有必要研究阅读教学中的朗读问题。

《标准(2011年版)》提出，各个学段的阅读教学都要重视朗读。因此教师要让学生充分地读，在读中整体感知，在读中有所感悟，在读中培养语感，在读中受到情感的熏陶。看来，各年级都要重视朗读，充分发挥朗读对理解课文内容、发展语言、陶冶情操的作用。任何一个学生，要读懂一篇课文，要提高阅读能力，离开自身的阅读实践是办不到的。因此，在整个语文教学中，必须以读为基础，并贯穿始终。学生只有在教师的引导下，通过自身的朗读实践活动，在读中理解，在读中储存，在读中表达，才能真正提高语文阅读教学的质量，从而提高学生的能力。

朗读既是感知的桥梁，既可以强化学生思考，激起美感，又可以激发学生的阅读兴趣，通过朗读、感知课文形象，体味节奏、韵味，领略风格、特点，能对课文产生无穷美感。也只有通过朗读才能使种种美的模式化为学生表达感情的模式，才会使课文的声韵节奏与学生心理感知结构一致，主客协调，激发起让人荡气回肠的审美体验。朗读还能促进情感的迸发，可以对学生有潜移默化的影响。苏霍姆林斯基说："情感培养渗透在孩子们的所作所为，所见所闻之中。"朗读和听读都能给孩子们带来情感的愉悦，提高学生的精神境界。朗读可以培养语感，提高学生的说话能力。

二、促进朗读能力的策略

(一)注重范读，感动自己，感染学生

要提高学生的朗读水平，教师的范读十分重要。因为课文中有些地方需要以读代讲，有些地方读不好就不能理解好课文内容。有时朗读还可以营造气氛，让课堂气氛达到最高点。这就需要教师研究朗读，朗读好课文。只有把学生的注意力吸引过来，师生才能情不自禁地共同进入角色。作为人师，终究是要给学生"一些什么的"，因为我们的教育对象毕竟是待启蒙的儿童。启蒙的责任就是教师"导"，不能让学生自生自灭，要有扶助，要有引导。引导既包括教师的范读，还包括朗读技巧的暗示等，例如，两种读法对比着"夸张"的读，让学生感悟哪一种读法更能体现作者的思想感情。"兴安岭上千般宝，第一应夸落叶松"(《林海》)，先把重音放在"千般宝""落叶松"上，让学生感悟，再把重音放在"兴安岭上"，再让学生感悟哪种读法更好。同时，我们还要尊重学生的感觉，不强求朗读方式的一致，给学生一个自主发挥的空间，如《松坊溪的冬天》中有这样一段："下雪了。雪降落在松坊村了。雪降落在松坊溪上了。"学生

出现两种观点：一部分认为应该一句比一句声调高，一部分认为应该一句比一句声调低。我没有裁定，而是请学生自己互相朗读，并各自说出理由，持前一个观点的同学说："这样读能让人体会到雪下得越来越大，松坊溪村人非常兴奋。"持后一个观点的同学认为："一句比一句声调低才有意境，说明松坊溪的雪景非常迷人。"既然学生们通过自己的朗读已把文章理解得这样透彻，我们又何必强求一致呢！

(二)多读少讲，以读带说，以说促解

朱作人提出，讲解是死的，如同进行解剖，朗读是活的，如同给伤口以生命。讲解只能使人知道，朗读方能使人感受。

朗读时我要求学生做到"三到"：眼到、口到、心到，并保持协调一致，用"心"去读；还要带着问题去读，做到每读一段，每读一篇都有目的，不白读。例如，教学《义犬复仇》一课，学生老是读不好"哀鸣不止"一词，我让学生用心去体会原文(默读)，接着，我用低沉的语调这样描绘："苏联卫国战争时期的边境，荒凉、凄冷而又空旷，在'斯达罗'被打死的地方，平添了一座'孤坟'，一只受了重伤的狗伸着长长的脖颈，高高地昂着头，长鸣不止，借以表达对主人的哀思……"我让学生再读原文，从学生的声音、表情当中我看出他们与"文尔内"的感情产生了共鸣！学生理解了"文尔内"，理解了"哀鸣不止"一词后面深藏的含义，甚而也隐隐地感受到战争的残酷。

阅读教学应是以读带讲，以读促解，让学生读得深入，而不是只浮在浅表，"读"应是非常重要的教学手段和内容。

(三)抓住重点，品词品句，反复咀嚼

课文的重点段落中，有些词语很准确，有些句子含义很深刻，均对表现中心思想作用较大。教师指导学生读好这些词语、句段，可以帮助学生深入体会文章的思想感情。我在教学中非常重视培养学生"读好"的意识：抓住重点词读，抓住重点句读，注意朗读能力的迁移。在学生读懂的基础上，再抓住时机，让学生背诵，课堂上充满民主和谐的气氛，这样的教学，对学生也是一种促进和激励。例如，《梅花魂》一课，讲述梅花品格的一段是重点段，我就采用默读、轻读与集体朗读的形式，运用“默读勾画—轻读品味—议论表达—朗读反馈”的教学方法，再加上教师的示范读、欣赏读、学习他人读、帮助别人读等方式教学。那么学生已读得比较“充分”了，怎样读得更“深入”呢？我就抓住这段中“我们中华民族有很多有气节的人物”这一句让学生反复咀嚼：你知道哪些“有气节”的人物？并引导学生说出他们的名句：学生说出了文天祥(人生自古谁无死，留取丹心照汗青)、岳飞(壮志饥餐胡虏肉，笑谈渴饮匈奴血)、虎门销烟的林则徐、举家食粥著《红楼梦》的曹雪芹、忍受宫刑写出千古绝唱《史记》的司马迁、以身殉法的谭嗣同(我自横刀向天笑，去留肝胆两昆仑)、李清照(生当作人杰，死亦为鬼雄)……这样“读”的结果是学生既深刻地理解了什么是“有气节”，也体会到了梅花的“有品格、有灵魂、有骨气”，而且还丰富了学生的课外积累，也使课内的“读”有了“外延点”。由于学生感悟得深，所以最后学生达到了熟读成诵的程度。

对重点词、句和段落的品味和理解，既加深了学生对课文中心意思的掌握，又促进了学生对重点段中含义深刻的语句意思的理解，从而达到了训练语感的目的，为真正有感情地朗读课文，为实现真正意义上的“积累”，打下了坚实的基础。

三、“读书之本”之形成

教师不能将课堂中的阅读独立出来，而应该将课堂与生活中的阅读紧密联系在一起。因此，对于阅读能力的培养，要从兴趣开始，再到养成习惯，最后形成一种阅读品格。

阅读兴趣的培养对于阅读教学尤为重要，要让学生感到读书有味，读书有趣，书中有奇，书中有理，变“要我读书”为“我要读书”。这是一种态度的转变，也是一种价值观的转变。

阅读习惯的培养，要在阅读教学中逐步形成。在阅读教学中让学生培养“不动笔墨不读书”的良好读书习惯；做到边读、边想、边画、边记；另外还要及时纠正学生阅读中的不良习惯。好的习惯可以促进人的成长。

培养好阅读品格从而提高阅读能力。21世纪对于人才的需求是敢想、敢说、敢做，具有创新精神，阅读品格也要奔着这个目标努力。

抓好课外阅读，在博览中积累语言。因此，教师除了上好阅读课之外还应注意指导学生开展课外阅读，让学生从大量的课外阅读中汲取营养。

因此，“以读为本”是小学语文阅读教学不可动摇的基本观念；最体现人文思想，最体现以生为本的思想。学生能在“以读为本”的训练中，陶冶性情，产生审美愉悦，促进人格升华，更能感悟到祖国语言的博大精深。

让阅读教学更贴近学生心灵的方式

阅读教学中，真正的功夫在于师生心灵的专一贴近，更在于揣摩思想深处。而在我们日常的教学中，有些问题仍根深蒂固地存在着。如安排的教学目标、教学内容比较多，比较杂；读写结合有形式主义的倾向，没有从学生的认知起点出发；文体特点、阅读方式、情感基调不一致，忽视整体把握文本的倾向；阅读教学改革创新的程度有待提高；教师的强势问题等。

如何让阅读教学更贴近学生的心灵？这需要进一步研究与实践。培养学生阅读能力的途径有很多种，但其中最根本的核心是不能变的，那就是贴近学生的心灵。我们要从学生的认识起点出发，创设适合学生自主创造的阅读教学模式，走进学生内心。

一、乱花渐欲迷人眼——共识让我们为了目标而出发

《国家中长期教育改革和发展规划纲要(2010—2020年)》中提到，要优先发展、育人为本、改革创新、促进公平、提高质量。其中“育人为本”是核心，促进公平、提高质量是重点。对于基础教育的改革，有以下几个基本的共识。

共识一是，要进行教学观念、方法、策略的改革创新，实现教学“美丽的转身”。教学做到适合每个学生，促进每个学生的发展，就基本实现了教育公平。就语文学科来讲，要由分析课文内容的教学，转向以策略为导向的教学，注重读法、写法、学法的指导，以提升阅读理解能力、运用语言能力以及学习能力。

共识二是，吃准目标，夯实基础，指导学习，鼓励创新。

“吃准目标”就是要把课上成学科课，上成所教那个年级的学科课，上成所教那种类型的学科课。做到目标准确、鲜明，不缺位，不越位。

“夯实基础”就是要干好小学各学科该干的事。就语文而言，学生要读好书，写好字，要听得明白，说得清楚，写得通顺，打好听说读写的基础。基础不牢，能力不会强，素养不会高。即使学生暂时取得高分数，过了若干年回头看，建的也还是语文的“豆腐渣”工程。

“指导学习”就是要在阅读教学中增强读法、写法、学法的指导意识，有切实可行，灵活多样，适合哪个年段、哪篇课文的“怎样读，怎样写，怎样学”的方法策略，并且渐渐内化成适合学生自己的读法、写法、学法，进而形成较强的学习力。方法的指导切忌概念化、一般化，要体现语文学习的规律，才好学、管用。

“鼓励创新”就是要在继承的基础上，不断改革、创新。首先，要更新观念，心甘情愿地“让学”，让教师的“教”更好地为学生的

"学"服务；其次，要在教学过程中落实自主学习；最后，要有一个好的机制，有一套好的模式，有许多好的方法、策略，保证学生"能学""学会""会学"以及持续地"乐学"。

一节课不可能面面俱到，如果上课老师在一两点上有改进，有创新，就会得到大家的肯定。

共识三有三点。

第一，要营造无拘无束的课堂气氛。

赞科夫指出，教师要努力使学习充满无拘无束的气氛，使学生和教师在课堂上都能够自由地呼吸。如果不能制造这样的教学气氛，那么任何一种教学方法都不可能发挥作用。无拘无束的课堂是一种安全的课堂，学生愿意在这种课堂上表达，表达自己内心最真实的声音。

第二，要找准教学的起点。

任何一堂课都不应该从零开始。要关注学生初始的阅读体验，教学应以自读后的初步感受作为教学的起点；要针对学情，确定学习目标，精选学习内容。要相信学生的理解能力，少做无用功。

第三，要改进"教"的方法。

用好课文这个"例"，少分析，多揣摩，多感受，多体验。一定要带领学生深入到文本的语言中，让学生感受语言，熟悉语言，理解语言，借鉴语言。先要让学生"自己去跟作品打交道"，避免"把学生的思想赶到死路上去"(叶圣陶语)；进而生与生、师与生在重点、难点、疑点上进行思维碰撞，互动交流，努力实现"例"的增值。指导的方法、策略，要体现"以学定教，顺学而导"，因课而异，百花齐放。一节课的教学设计，教学的过程、方法，没有最好，只有更好。适合自己学生的，教师得心应手的，就是更好的。

二、绿杨阴里白沙堤——反思让我们明白通向目标的路该如何走

阅读教学的目的，就是让学生喜爱阅读，通过日常的教学给学

生打下基本功。“学以致用”才能让师生之间心灵相通。

(一)打好文化和精神的底色

语文学科的首要功能是基础工具性，是交流的工具，是思维的工具；是“字、词、句、段、篇”与“听、说、读、写、书”的结合。阅读教学要打好文化的底子，如获取语文字、词、句、篇基础知识，有初步的中国和世界优秀文化的积累，初步掌握学习语文的基本方法，初步具备听、说、读、写能力等；还要打好精神的底子，如养成良好的阅读兴趣、阅读习惯和阅读品位，学会与人合作、与人相处，养成良好的意志品格等。

(二)处理工具性与人文性的关系

语文教育的人文性来源于汉语。学生应了解汉语中所包含的民族思想和文化，体验汉语表达出来的作者的独特感受和凝聚的民族感情，学习中华民族的优秀文化，发展学生的个性，培养健康的情感，初步形成正确的世界观、人生观和价值观。

语文教育的人文性在于培育学生热爱祖国的思想感情，丰富语言的积累，这都应在让他们正确地运用祖国语言文字的过程中得到落实，并令工具性与人文性和谐统一。

(三)促进教与学的转变

教师是教学过程中的主导，学生是教学过程中的主体。《标准(2011年版)》指出，语文教学要充分发挥师生双方在教学过程中的主动性和创造性。这就是说，教学中要充分发挥教师的组织、引导作用，调动学生的参与性和积极性。要防止由过去的老师牵着学生走，串讲串问，一问到底，费时低效的教学状况，发展到放任自流，或发展到老师被学生牵着走，教师在教学中表现出无所适从的局面。

《标准(2011年版)》关于“自主、合作、探究的学习方式”的提出，是对传统语文教学重接受、轻探究，重认识、轻体验的接受性学习方式的扬弃。这一理念强调了学习和发展的主体是学生，学生在课程与教学中的主体地位得到了真正的确认和尊重，调动了每一个学生的参与意识和学习积极性，一定程度上促进了学生学习方式的转变，给语文课堂面貌带来了生机。

(四)学与用中培养语文能力

《标准(2011年版)》强调，应该让学生更多地直接接触语文材料，在大量的语文实践中掌握运用语文的规律。因此，语文教学要注重语文活动环境的创设，引导学生主动参与，积极地动脑、动口、动手去实践。加强课内和课外语文学习与学生现实生活的联系，引导学生在生活中学语文、用语文，在实践中不断地提高语文能力。

三、几处早莺争暖树——借鉴矫正教学误区

特级教师李明新认为，阅读教学要由"教会知识"转向"教会学习"。追求生动而扎实的课堂教学，真实的课堂才能实现学生真正的成长。学生该出错的要让他出错。还要增强"学段意识"，改变或是纠正在相当长的一段时间内出现的"高学段教学低学段化"或"低学段教学高学段化"现象。教师只有顺应教育发展的规律，认清每个学段具有的不同特点，才能更好地了解学生。教师要增强"目标意识"，备课中推敲目标，力图目标明确，使目标具有可操作性，如学哪几个词语，学到什么程度不要笼统；目标的制定应紧紧地扣住学段，体现课程目标的要求；去除无效环节，紧紧围绕制定的目标展开教学。教师还要关注学习情境的创设。学习情境的创设对于调动学生学习主动性，确立学生主体地位，激活学生思维起着重要作用。如运用现代信息技术，生动教师语言等，都能把学生带入学习的情境中，让学生能够自主地建构。关注师生情感的融洽。每个老师都要努力建构民主、和谐的师生关系，使工作和学习变得更加轻松、更加自由。师生之间的关系是一对多的关系，教师要面对许多位学生，要倾注更多的心血，更多的热情。

教育的最高境界，应是对人的尊重的教育，把孩子当成一个有生命的人。语文的阅读教学更多的是唤醒、激发，把个体内在的天赋引发出来，教师要多给学生一些属于他们自己的时间与空间，使之有思维的自由、心灵的自由，使他们的生命多一些自主的灵动。这样我们才能贴近学生的心灵，唯有贴近心灵的教育，才是真正有意义的教育。

阅读教学的本然味道

叶圣陶先生指出，所选为语文教材的，务求文质兼美，堪为模式，于学生阅读能力写作能力之增长确有助益。我想这就是语文课的最根本任务。阅读本身是一种深层次的审美体验过程，要用心灵的眼睛去审视美的价值追求。人的文化品格的形式、文化内涵的积淀、思维的成长、价值的提升，都是阅读教学中所要追求的。然而，教师在其中要扮演什么样的角色，教师在阅读教育中起到什么样的作用？如果不能很好地界定自己的位置，便会使阅读失去它本然的味道。语文老师如何教阅读课，是对教师专业素养的一次检验，我认为需要把握以下原则。

第一，借助语言文字走进文本，了解阅读起点。“起点”是指学生的现有状况，现存基础。“跳一跳，摘桃子”，但需要了解起点有多高。不同阶段的孩子具有不同层次的阅读起点，了解学生的阅读起点，才能更好地设计阅读计划。

第二，立足语言、文字实现多重对话，准确把握人文精神。中国文字博大精深，一句话的意思可能有多种解释，所以教师不能只拘泥于某一固定的解释，而忽视了语文背后真正的含义。理解内容，品味语言文字，实现教师、学生、作者、教科书编者之间的对话，与文本中的人物进行对话，感受人物形象，学习、运用文章的表达方法。教学时应该舍得花时间让学生读课文，圈画出相关的语句、段落，仔细品味，在此基础上感受人物形象，学习表达特点，并在习作指导时，有意识地引导学生运用“前后照应”的表达方法，做到读写结合。比如在阅读文章时，可以设计以下三个问题：你是从哪些语句中感受到作者对母亲的热爱的？课文是如何通过对比描写来突出人物形象的？从课文哪些地方可看出前后照应的表达方法？将问题抛出，让学生们带着这些问题进行思考。

第三，抓住课文关键“字眼”，难课文巧教，巧妙落实语言训练。抓住课文中关键性的词语或句段，并不意味着不关注课文的整体。在“巧”字上下功夫，“巧”字体现在能够抓住课文关键的字眼上。比如小说一般通过人物外貌、语言、动作的描写，通过情节的安排、环境的烘托来塑造人物形象，反映人物的精神面貌，表现社会生活。一些教师在教学时，常常注意到小说类课文在环境描写方面的简练、准确、生动。

第四，立足全篇阅读，把握整体意蕴。阅读教学还得遵循基本的模式：整体—部分—整体，首先引导学生从整体入手，在对课文内容有一定了解的基础上，才能深入到重点或难点内容的学习。我们不能忽略课文整体的存在，而只抓重点词语或句段，这是当前语文教学中出现的较为普遍的问题，这种改革的导向性很不好。整体阅读引导学生在阅读中形成完整的物体形象，先体会作者写这篇文章所寄予的特定情感，然后再回过头来研究作者是如何对该物体进行描写的。写了什么？为了表达作者怎样的情感？按照一个什么样的思路写的？学生读后有什么样的感想(体验、感悟、看法、想法、认识)？是否有不同意见？结合对课文的理解做具体阐述。

第五，尊重文本的价值取向，不做随意的多元解读。不尊重作者表达的情感、教材编排的意图，任意解读，是不应提倡的，也是不应该的。不建立在语言文字的品味上的情感熏陶，是苍白的。

语文阅读课是语文学习中非常重要的部分，需要认真进行思考。通过阅读，培养学生良好的阅读习惯、品质。正如澳大利亚三一文法学院副校长皮特·斯代尔所提到的，阅读带来的最大意义，在于它将永远是保证个人能力、灵活性的基础活动，并能够让人轻松和有意义地追寻我们人生中最值得追求的那些东西。阅读使我们优秀。

中　篇　自然的语文之行

课堂是教师的主战场。通过了解教师对课堂时间、空间的把控，基本能够知晓教师的教学能力与教学整体思想。课堂上不仅有预设的精彩，也有生成的美丽。课堂中的内容导入、师生互动、内涵延伸，环节之间如何有效地配合，如何让课堂更为流畅，学生在其中受益更多，这需要教师不断地思考和实践。课堂是教师生命存在的一种基本状态。在这种鲜活的场域中，教师将呈现最具活力的生命动态，也会将学生最佳状态吸引出来。

我时常问自己，如何将理念中对“自然”的认识恰当地运用于实践中？如何进一步提升自己对“自然的语文”的思考？实践与理念就在这种相互促进，相互补充的过程中相互完善。

本篇是“自然的语文”之行，其中包括三个部分：

一是教学设计的展示。我以自己多年的语文教学经验，展现教学中的“自然”精神，不同的教学设计的侧重点不同，比如有的以扎实语文基础为主，有的以提升阅读方法为主，还有的以感受传统文化为主，但其根本遵循的都是语文的“自然”之精髓。

二是指导教师作课。作为一名语文特级教师，我尽力发挥带动辐射作用，指导不同层次的老师作课。一枝独秀不是春天，一棵树也成不了森林。我同教师一同备课，一同研究部编版教材的教学理念与方式，带领教师一同提升。

三是自己的教学反思。因为任何一个实践行为都不能止于实践行动，而要包括实践后的反思，如果没有反思，实践便只是行动，而不是能带来改变的实践。

第四章　自然的语文之教学设计

基础在引导中愈发扎实

——《迟到》教学设计

一、教学目标

第一，理解“我的父亲很疼我，但是他管教我很严”的含义，知道“打也是爱”，明白总起句的作用。

第二，体会人物的心理变化，感悟心理描写。朗读第2～10自然段。

第三，学习作者描写人物的方法：语言、动作、神态描写，小海音的心理描写。

二、教学重难点

理解父亲的严厉是爱我的表现，感悟描写人物的方法。

三、教学过程

（一）导入

师：回忆上节课，我们认识了一位台湾省的作家林海音，她向我们说了一件什么事？（学生说清“因、过、果”，教师出示林海音图片）

师：(板书：迟到)从“我”迟到到早到，这中间发生了什么？

师：文章的开头提到，“父亲很疼我，但是他管教我很严，很严很严”。这看上去是很矛盾的事。

父亲的“严”，作者是怎么写的？(“狠狠打了一顿”)

父亲的“疼”，作者又写了什么(“送花夹袄”)

留疑，不解决“打也是爱”。

(二)初读

师：初读课文，你从哪里感受到父亲“很严很严”的？

生1：“站到床前来，瞪着我。”(生气)

生2：“怎么不起来？快起！快起！”(命令，不容商量)

生3：“晚也得去，怎么可以逃学？起！”(两个字变成一个字，愤怒)

生4：“爸气极了，一下把我从床上拖起来……爸左看右看，结果从桌上抄起一把鸡毛掸子，倒转来拿，藤鞭子在空中一抡，就发出咻咻的声音。我挨打了！”

体会父亲的动作、语言、神情(引导学生描述父亲的形象)。

我挨打了！(运用“！”体现出小海音的震惊心情)

生5：这是一顿毒打、暴打、痛打。可以感受到父亲非常严厉。(板书：很严)

师：面对严厉的父亲，小海音是怎么做的？

生1：“我竟跟勇敢地赖在床上不起来了。”(明知故犯)

生2：“‘晚了，爸！’我硬着头皮说。”(讨价还价，找借口)

生3：“但是我怎么啦？居然有勇气不挪动。”

师：小海音这时心里在想什么？(联系上下文)

师：“我挨打了！”这一句体现出小海音怎样的心理活动？

狼狈的小狗？无人疼爱我？爸爸竟打我？狠心的爸爸？

我挨打了！______________________________。

这样的心情在后文的哪里也写出了？“我听到这儿，鼻子不禁抽搭了一大下，幸好我的眼睛是闭着的，泪水不至于流出来。”

此时，小海音又在想什么？______________________________。

(想哭未哭：后悔、伤心、委屈。心情复杂)

师：再体会“父亲很疼我，但是他管教我很严，很严很严”，从哪里能看出来呢？“很严”我们是领教过了，但“很疼”从哪里看出来呢？(读“父亲送夹袄”一段)

生1：“爸没说什么。”(其实他想说什么？此时无声胜有声)。

生2：“打开了手中的包袱，拿出来的是我的花夹袄。他递给我，看着我穿上，又拿出两个铜板给我。”(这段描写的动作再平常不过，再普通不过。这里与之前“强烈”的动作相比，透出来的是父亲什么样的感情呢?)

生3：再回顾“打我”一段，父亲是一上来就打吗？(这里面也透出父亲是很疼我的)

生4：作者抓住了这种层次，把父亲对孩子的疼爱与管教，这种复杂的心情表达了出来。

师：小海音终于理解了父亲，回想起早晨的挨打和现在的送夹袄，小海音想：__________________________________。

师：父爱如山。爱之深，责之切。(板书：很疼)

(三)悟读

师：读最后一段话，体会小海音的心情。

师：回顾全篇，读第一段，我们会有更深刻的理解。

师：成年后的海音仍对这次挨打念念不忘。

师：(补充林海音一段话，体会“迟到”的文意)父亲的爱是那一道道鞭痕，让我明白不能“迟到”。也让我成年以后，想起这件事，从心里由衷地说“我的父亲很疼我，但是他管教我很严，很严很严。有一件事我永远忘不了……”统领全文。这也是我们要跟作者学习的地方。

四、板书设计

迟到

很严　　很疼　　语言

早到　　动作

神态

（心理描写）

真实在渐进中水到渠成

——《刻舟求剑》教学设计

一、教学目标

第一，理解课题。

第二，掌握生字词，通过古、今词义的变化，感悟祖国语言文字的精妙。

第三，联系自己的生活实际理解寓意。

二、教学重难点

第一，生字的音形义的掌握。

第二，理解寓意。

三、教学过程

（一）导入

师：同学们读了不少书，积累了很多成语。我说几个成语，看你们是否知道——“狐假虎威”“画蛇添足”“拔苗助长”？大家还能举出这类成语吗？大家发现这类成语有什么特点吗？

师：对的，这些成语和一个短小的、虚构的故事有关系，并且告诉我们了一些道理，这些能告诉我们一定道理的小故事叫作寓言，有些是真实发生过的，有些是虚构的。老师将带你们学习两则寓言，但是它们与你们以前学过的有一点不同，它们是用文言文写成的。今天，我们先学第一则——《刻舟求剑》。这篇文章选自《吕氏春秋》，此书是在秦统一六国之前，在秦国丞相吕不韦的主持下，集合门客们编写的一本名著。

师：(板书课题)你们知道“舟、剑”的样子吗？课本上的一幅图里就画出了“舟”。请大家翻开书，老师这里也有一个“舟”和“剑”的图片，是不是和你们想的差不多？

师：大家知道题目的意思吗？你是怎么知道的？(引导学生看注释)“刻”——文章中有一个字的意思和它完全相同，是哪个字？答案也在注释中，看注释是我们学习的一种方法。

(二)读中生疑，读中释疑，自读自悟

1. 初读课文

师：既然题目的意思我们弄明白了，我们就来读读课文吧。

师：课文已经和我们做了第一次亲密接触了，说说你对课文的初步印象。

师：大家第一次学习此类课文感觉有难度很正常，接触多了，大家就会发现它很有意思，这样吧，老师带着你们读好吗？(音乐起，领读)

2. 带疑问读课文

师：老师看大家读得挺起劲儿，大家能不能自己找找朗读的感觉？请大家带着自己的疑问，反复读一读，可以参考注释和借助工具书理解课文。

师：我发现同学们读得十分投入，大家一定已经体会到了读书的乐趣！同学们，你们是否发现，读古文是一件很有趣的事情？谁愿意读给大家听？

3. 引导思考

师：大家通过自己读书，是否解决了原有的疑问，是否产生了新的疑问？大家还有不明白的地方吗？

(三)探究疑难，深入研读

师：我们的学习就从大家的疑问开始吧。刚才有同学提出来第一句话还不明白，谁读明白了？谁可以用自己的话把这句话说顺畅？请大家看大屏幕上的3个句子，你读懂了哪一句，就说哪一句，谁来说一说？

师：现在语句的意思我们弄明白了，下面大家自由练习朗读这几句话。

他一边刻，一边自言自语，洋洋得意之态溢于言表，曰——

船夫问他，这样真能找到剑吗？他语气更加坚定，答曰——

(略读)“扑通”就下去了。

(读“道理”)船夫看到他没有找到剑，垂头丧气的样子，好言劝道——

一位老人看到他一身水淋淋的狼狈样子，语重心长地说——

岸边的小孩们看到他一身水一身泥的可笑样子，哈哈笑着说道——

两千多年后的我们读了这个故事，也要对他说——

师：我再请两位同学读一下。

师：同学们小小年纪，把难读的古文读出味道来了，很不简单。看样子，大家已经理解了句子的意思。但不知大家能不能把这个故事完整地讲一讲？

师：三人行，必有我师。大家先在小组里练一练，每组推荐一名代表在全班讲。可以联系上下文，边读边想。

师：他们讲的故事让我们身临其境，如见其人，如闻其声，让很多同学都会心一笑。

(四)创设情境，明确寓意

1. 引导提问

师：大家还有什么疑问，尽管提出来。

师：(教师提出疑问——体会“!”的作用)按照原来刻下的印记，找不到那“剑”了，倒不是刻的不对，而是船大步前进了!

师：看样子，大家已经读懂这个故事了。我们从这则寓言故事中一定要吸取教训，明白“事物是不断发展变化的，不能墨守成规”的道理。

师：(提示文言文学习方法)“之”是指什么?(学生答出意指“剑”)说说你是怎么知道的?这是学习文言文的又一个新方法：结合上下文。

2. 创设情境

师：同学们，假如我就是那个刻舟求剑的人，为什么你们觉得我可笑呢?

3. 明确寓意

师：你能找一个成语形容他吗?不想墨守成规(故步自封、因循守旧)，就要?(见机行事、推陈出新、标新立异、除旧布新、与时俱进)。

师：后来这个故事就演变成了一个成语。

4. 分析巩固

师：同学们，时至今日，刻舟求剑已经成为大家常常会用到的成语，因为我们每个人一不留神也会这么“表演”一回，只不过，刻的、求的与这文中之剑有所不同罢了。生活中，你也一定耳闻目睹甚至亲身经历过这样的事，比如在老师身上就曾发生过这么一件事(教师举例)……

师：大家能举几个例子说一说吗?

师：我们要做灵活变通从而获得成功之人，还是墨守成规惹人笑话之人，我想同学们心中早已有了答案。

(五)背诵课文，推介读物，鼓励阅读

1. 背诵课文

师：刚刚大家先从课文内容出发，再联系生活讲自己的经历，令我们的学习更深入了。这则寓言和许多古文一样，行文简练，用五十余字，很短的篇幅，讲出了有深度的故事，这也是文言文的魅力。

师：大家能大概背下来了吗？让我们用刚学的文言文给动画配音好不好？我愿意和大家一起背，一起试试。(配动画背诵练读，之后配乐指名读)

师：大家感觉到了文言文学习的滋味了吗？其实原文后面还有一句，能自己理解一下吗？(小组合作理解这段话的意思，教师总结刚才用过的学习文言文的方法)就让我们用这些学习方法合作学习这段话。(总结指出：叙事—评事—治国之策)

2. 推荐读物

师：同学们，这篇寓言我们已经学完了。寓言是智慧的火花，寓言是真理的利剑，寓言是哲理的小诗。老师向大家推荐《韩非子》和《吕氏春秋·察今》，这些书中还有很多这样的小故事，大家可以课下读一读。

师：宋人苏东坡有言："自其变者而观之，天地曾不能以一瞬"。我们不顾生活的变化，墨守成规，一意孤行，就会像《刻舟求剑》里的人一样被传为笑谈。

四、板书设计

寓言二则

刻舟求剑

剑　　　　船

价值在启发中潜移默化

——《天鹅的故事》教学设计(第二课时)

一、教学目标

在对文本的共同学习中，帮助学生理解词句，体会表达效果；揣摩文章的表达顺序，体会作者的思想情感，初步领悟基本的表达方法；了解故事梗概，对于印象最深的场景用语言表达出来。课文围绕“天鹅的故事”，描写了几个天鹅破冰的场景，表达了人与动物应和谐相处、尊重生命这一思想。基于以上想法，所以本课教学目标确定为。

第一，想象天鹅无数次破冰的情景，有感情地朗读课文第5～7自然段。

第二，体会“多么可爱的鸟儿啊”“悄悄地”蕴含的情感，用语言表达出来。

第三，感受天鹅团结、勇敢的精神。初步懂得尊重生命，善待生命。

找准教学内容的重点，是个性化教学的前提。本课是第二课时，学生已初步感知课文，已能大致概括课文内容；学生处在中年级，阅读方面已有初步能力；写作方面是“围绕中心句写一段话”。本课时的教学任务力图体现课时目标及年级段目标。

本课思想内容与语言表达的结合点是“斯杰潘从喜欢打猎到再也不打猎”。第一课时存疑“斯杰潘因为什么从‘喜欢打猎’到‘再也不打猎’”，本课时进一步整合，重在解决这一中心问题。以“老天鹅破冰”这个场景为范例展开教学，引导学生如何阅读和理解文体。

二、教学重难点

教学重点：想象天鹅无数次破冰的情景，用语言表达出来。

教学难点：初步懂得尊重生命，善待生命。

三、教学过程

(一)教学大致进程

钻进去，潜心会本文，披文以入情，教师先与作者产生情感的共鸣。

“跳出来”，依据教学目标，结合课文特点及思考练习的提示，对课文语言“虚心涵泳，切己体察”，进行语言及朗读训练。找准语言训练的重点：如需要理解的词句，需要积累的语言，需要习得的学法，需要揣摩的写法等。

瞄准课文的重点，训练的难点，学生的疑点，语言发展的生长点进行教学，做到“该教该学的就教就学，不该教不该学的不教不学”。

可以利用与教材密切相关联课程资源如《鸟岛保卫战》《麻雀》《母爱》等。

(二)教学指导策略及学生活动

教学方法以“学生自学，教师引导，师生交流”贯穿始终，结合教学内容的教学方法有以下几个。

范读、对比读：引导学生研读、品读重点句段，讨论交流，从始至终贯穿“读”——朗读、默读，不是只言片语地读，也不是少数人的读，是大面积地落实到每个同学的潜心地读。

引读、言语激励：与学生共同经历文本中所描绘的惊心动魄的情境，产生情感共鸣，与作者共呼吸、与主人公的情感共起伏。有数量，有目的、有层次地读。通过课上的反复练读，把课文读正确、读顺畅直至读出感情。在朗读中培养语感；在默读中培养提出问题的能力。

“咬文嚼字”：去掉“腾空而起”“像石头似的”等词在表达上有什

么不同？“悄悄”和“默默”哪个更好？用问题引导学生体验、感悟语言，体会表达的思想感情，还要指导学生学习提“语言问题”，不仅会提思想内容方面的问题，而且会提有关词、句、段、篇表达上的问题，通过围绕这类问题读、议、练，使学生既知道在表达上哪些地方好，又知道好在哪里，为什么好。

扩展：在阅读材料中培养快速阅读、粗知大意的能力。

读写结合：实现迁移与运用。

(三)教学具体过程

1. **引情入境，直奔重点**

师：今天我们继续学习——这是一位老人亲身经历的故事，这个故事影响了他的后半生，他从喜欢打猎到再也不打猎。到底是哪些场景深深地震撼了老人的心，让他30年都无法忘怀呢？让我们快打开书，边读边画出最感动你的场景。

2. **紧贴文字，深入理解**

(1)初步进入，整体感知“天鹅故事”。

先由学生自由读，边读边在课本上画出重要句子。教师点学生回答最震撼他的场景，整理出“天鹅故事”的线索，随机板书。

(2)重点品读，入情入境。

学生自己品读“老天鹅破冰”的段落，尽量通过朗读再现这惊心动魄的一幕。之后教师指名读。此处可能出现的场景如下。

预设情境1。

师：(学生读到位时)从他的朗读中你听出了什么？像他一样朗读出自己的独特的感受。

师：(学生读不到位时)你的朗读把我们带入了那个情景，但不够惊心动魄。

预设情景2。

教师先对比读两段文字，目的是为了让学生发现“腾空”“像石头似的”等关键词语，从而把语言文字的品鉴落到实处。之后，教师播放录像，帮助学生理解“腾空”“像石头似的”是什么形态。最后，教师提问：“对比文字与录像，你有什么想法？”并指名发言。

学生反复朗读“腾空”“像石头似的”，通过朗读再现老天鹅破冰这一令人惊诧的场面。教师范读第一遍，第二遍全班齐读，教师引导：大家不要把“震撼”藏在心里，要展现在脸上。

若学生朗读仍不到位，教师可在之后的朗读语言激励学生。教师领读第三遍：老天鹅的羽毛可能已经掉落、胸脯可能已经浸满鲜血、翅膀可能已经被折断，它还是奋不顾身地再次——(学生接读)教师与学生共读第四、第五遍：老天鹅可能在想——可能在想——是啊，真疼啊，但要坚持，于是，老天鹅又义无反顾地再次腾空而起——(学生接读)

教师带领学生提升理解，教师点名学生回答。全班品读整群天鹅破冰的情景，教师按文章顺序指名两个同学朗读。理解“破冰勇士”——老天鹅把自己的身体当铁钎、把自己的身体当铁榔头、把自己的身体当破冰器；理解“继续扑打”——天鹅们要无数次地“腾空”“像石头似的”落下去；理解“劳动号子”——学生朗读时，教师用手势表现节奏，引导学生读出劳动号子应有的节奏，并带领学生感悟，提问学生从劳动号子里听出了什么，想到了什么，指名回答。最后，提升理解，教师提问：“哪里震撼了你？”——这群天鹅里可能有小的、体弱的、有病的，但它们什么都不说，都是“腾空而起”都要“像石头似的落下去”。是啊，动物世界里竟有这样的举动出现，它们太令我们佩服了！

(3)水面变得越来越大，用朗读表达此时天鹅那欢快的心情！学生自由读：此时的叫声在表达着——

(4)教师用天鹅的叫声小结，并回顾第5～7自然段。斯杰潘老人发出了慨叹：多么可爱的鸟儿啊！

3. **依情悟理，感受回味**

(1)“多么可爱的鸟儿啊！”可爱在哪里？学生阅读课文寻找答案，

教师指名学生回答。

(2)体会“悄悄地”“30 年不打猎”的意思。

这样的故事我们一生可能也遇不到一次，动物们宁可牺牲一切的求生欲深深地震撼了老人。其实动物界中还有很多令人类心动的故事(突破难点预设：扩展 1 个小故事，听故事，悟道理)。

师：动物有动物的世界，动物有动物的智慧，动物有动物的情感，动物有动物的灵性。你们此时一定已经体会到老人悄悄离开所蕴含的深情，以及他为什么 30 年不打猎。

(3)学生自由发言。

师：带着深深的愧疚，带着深深的震撼，带着无尽的感动，斯杰潘悄悄地离开了贝加尔湖畔，离开了那群用自己娇嫩的胸脯、美丽的翅膀撞击冰面的天鹅，离开了那群可爱的、充满灵性的鸟儿！从此，他心甘情愿地永远告别了打猎的生活，他把心爱的猎枪永远地挂在了墙上。(指名学生朗读)

(4)教师指导学生写一段话。

联系书中的话，写出内心感受：多么可爱的鸟儿啊，________。需把话写清楚、明白。

(5)再次体会文中的“深情”，全班齐读。

师：我想同学们一定文思如泉涌，有千言万语想写下来，要联系文章内容，写出你真实的感受。我等着拜读你们的心声。让我们再次拿起书来，重温那带给我们震撼的课文，大家读一读文章的开头和结尾，看看能发现什么？

(四)学习首尾照应的写作方式

师：文章因枪而起，又回到枪，是首尾照应的写作方式。

师：老人从喜欢打猎，到心甘情愿地再也不打猎，这样的转变是源于那激动人心的“天鹅的故事”。无论是老天鹅的奋勇当先、义无反顾，还是一整群天鹅的齐心协力之景，都让老人 30 年间难以忘怀。所以我们这篇文章的题目就定为“天鹅的故事”。

师：(总结)天鹅们是那么有灵性。面对困难，它们团结勇敢、齐心协力，用自己的力量创造美好的生活。它们太可爱了！我们多想在天空看它们自由自在的飞翔，多想在湖中看它们悠闲的漫游。天空因为有了它们而更有神采，湖水因为有了它们更加湛蓝！放下人类的猎枪，让各种各样的鸟儿与人类一起享受蓝天和阳光，一起享受鲜花和绿草，这将是多么和谐，多么美好的情景！

(五)推荐故事

教师将两个相关故事打印好下发给学生，并推荐学生去图书馆或利用网络查找动物故事，并互相交流。

四、板书设计

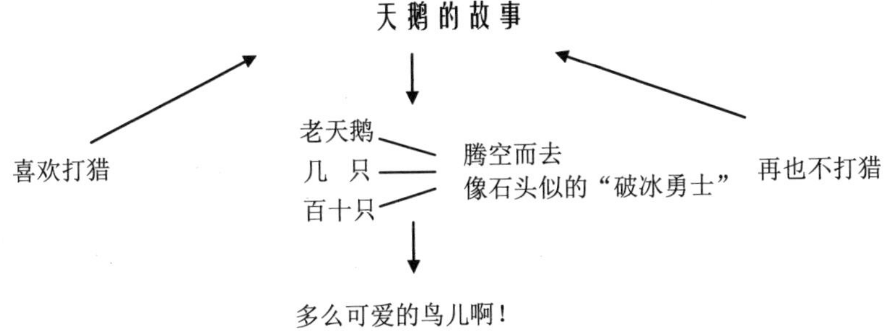

设计在创新中生辉课堂

——《爷爷的芦笛》教学设计

一、教学目标

第一，结合语境体会重点词语的意思：狂怒、狂吼，颠簸、摇撼。

第二，重点朗读第 8～10 自然段，理解为何爷爷的芦笛声永远那么悠扬，感悟爷爷是的人物形象。

第三，通过理解“海边的孩子，不沾点海水就长不结实”，体会“想长‘结实’，就要经历风雨”的人生哲理。

二、教学重难点

教学重点：朗读第 8～10 自然段，联想“爷爷在干什么”体会爷爷是怎样的一个人。

教学难点：理解笛声永远悠扬；理解“海边的孩子，不沾点海水就长不结实”的含义。

三、教学过程

(一)导入

师生对读第 1 自然段(想象中的爷爷的芦笛声)，想象中的爷爷的芦笛声是那么婉转悠扬，大海如诗如画，海边的生活简直浪漫无比、奇妙绝伦，令他神往。教师指名女生读出“平时的大海”：白天的大海风平浪静，海水是那样的柔和温润，笛声又是那样的清脆，现实中的一切和想象中的一样，强强别提多高兴了！

师：大海可不总是风平浪静，也会有狂怒的时候，夜晚爷爷的芦笛声又是怎样的呢？让我们一起来读读这部分。

(二)感悟重点

找出关于大海变得狂怒的描写集中的段落。

走进文字：首先，学生默读第 8～9 自然段，用直线画出描写大海狂怒的句子。然后，学生一边想象书中描写的画面，一边自由读。最后，教师指名读，并提问：“你对哪处关于大海狂怒的描写感受最深？请读出相关的句子。”

教师分层次指导朗读。

理解重点词：狂怒、狂吼；摇撼、颠簸。(“这些词语是什么意思？”)

感知词语：这样的夜晚简直“太恐怖了！”(教师指名读)

感受恐怖的夜晚：想象画面，读准词语，体悟画面。（“这个夜晚令人生畏啊！”）

读出情感：连强强自己都害怕！他恐惧到极点！

“这样的场景，别说你们，老师也没见过！”“读好这个段落，你们心中有没有浮现出这样的词语——可怕、恐怖、恐惧？”

师：外面是伸手不见手指的黑夜，阵阵恶浪几乎把玻璃打碎！在这狂风恶浪的晚上，强强可是一个人在家啊！你们有过自己一个人在家的经历吗？

“爷爷！爷爷！”——害怕到极致就成了“恐惧”。

此时的强强是多么的无助啊！“强强裹紧被子，蜷缩成一团”，强强只有把自己严严地裹起来，才能不害怕！

师：这个时候，强强最希望的是什么呢？

生：是爷爷在身边。

师：是啊，在这狂风恶浪的夜晚，爷爷在哪呢？他在做什么？

写话：爷爷在哪儿？爷爷在做什么？

依据课文合理想象：爷爷在（　　　　）的海边察看汛情，一阵狂风恶浪袭来（　　　　）。

师：此时你又怎么看爷爷这个人呢？

生：坚强、勇敢。

师：他是在大海上与风浪搏斗着的爷爷，正在保护着更多人安全的爷爷，此时爷爷吹响了芦笛，声音那么的婉转悠扬！爷爷在狂风恶浪面前仍在吹芦笛，真是无所畏惧啊！他是如此乐观，如此潇洒！

师：芦笛声第三次响起——强强仿佛听到，“在逐渐平息下来的风涛声里，夹杂着一种奇特的声响”。（板书：奇特）

师：爷爷想告诉强强，强强是安全的。强强想到爷爷正在与风浪面对面搏斗，爷爷是多么坚强、勇敢。

师：听到笛声，强强好像见到了爷爷！

师：这笛声传递给恐惧到极点的强强的有牵挂、爱、温暖、勇气和力量。

师：悠扬的奇特的声响在平息下来的风涛中响起，强强突然明白了声响的来源，他情不自禁地大喊“爷爷！爷爷！”

师：这呼唤里不再充满着恐惧，而是充满了——

生：惊喜。

师：对！它给了强强战胜狂风恶浪的勇气！大家齐读最后一个自然段。

（三）体会难点

1. 海边的孩子，不沾点海水就长不结实

(1)理解“沾”的意思。

①教师请学生猜测是——浸湿；因为接触而被东西附着上；稍微碰上或挨上——中的哪一个。

②重点是让学生说明选择的理由，抓住答案生成的过程，鼓励学生联系上下文理解。

(2)理解这句话的感情。

师：强强感觉这个夜晚如此恐怖，但爷爷说得轻描淡写。你是怎么想的？请你再选择，并谈谈你的想法。

(3)爷爷把强强一个人放在小闸屋，是因为——

①爷爷在这里住了几十年，经历了很多，已经没把这当回事。

②这本身就不算什么。

③一生在风浪中度过的爷爷，经历过无数风浪的爷爷希望强强也能经受住这风雨。

2. 沾点海水，才有可能长得结实——常在苦中磨炼才能长得健壮

师：这么有含义的话强强平时可没想到，而且不以为然，在经历了恐怖的夜晚之后，强强想起了爷爷平时最爱说的这句话，因为他理解了爷爷这句话的含义。

(四)写话

师：经历了风雨之夜、感受了芦笛声的奇特，明白了爷爷这句话的含义，强强会想到什么呢？

教师请同学们写几句话，要把强强的感受写清楚、明白。

第二天，爷爷又去查看潮汛。婉转悠扬的芦笛声从远处飘来，似乎是在说："强强，今晚一个人在家还怕不怕？"强强想：________________。

教师与学生共同评价哪位学生写得更清楚、明白，哪个地方写得好。

(五)小结

师：是啊，想象中的芦笛声是那样的婉转悠扬，令人神往；白天，风平浪静的芦笛声是那样的清脆，赏心悦目；夜晚，大风大浪中的芦笛声又是那样的奇特，给人鼓舞。让我们再齐读一遍课题，愿爷爷这悠扬的芦笛声也能时常在我们的心中响起……

四、板书设计

爷爷的芦笛

婉转悠扬	清脆	(奇特)悠扬
(神往)	(高兴)	(顿悟)

境界在信赖中创造美好

——《珍珠鸟》教学设计(第二课时)

一、教学目标

第一，感悟语言，体会小珍珠鸟的变化是与"我"的行为相对应的。

第二，结合理解，有感情地朗读最后一个自然段。

第三，结合上下文深刻理解“信赖，往往创造出美好的境界”的含义。

二、教学重难点

深刻理解“信赖，往往创造出美好的境界”的含义。

三、教学过程

(一)谈话导入

师：昨天，我们初读了课文，学习了第一部分。知道朋友送给“我”一对珍珠鸟，让“我”非常高兴。从此，“我”小心翼翼地关心、呵护着它们。三个月过去了，这对珍珠鸟有了小宝宝。“我”和小珍珠鸟之间又发生了一些什么故事呢？现在我们就来默读全文。

(二)初读

师：大家默读全文，回忆、熟悉“大珍珠鸟”这部分内容，再看看“我”与小珍珠鸟之间又发生了什么？

师：你们默读的速度真快，我想你们今天的思维也会很活跃。

师：课文第二部分有一段文字描绘了小珍珠鸟的样子，谁来给大家读一读？

学生对比读，体会“儿化音”的读法。

教师引导学生根据这段描写想象大珍珠鸟的样子。

师：好，我们现在就来看看，面对这么可爱的小珍珠鸟，“我”是怎么做的。你从中发现了什么？

小组交流。

学生自由读文章第二部分。

教师引导学生讨论“我”是怎么做的，学生从中发现了什么。

教师引导学生发现语句“我不……”

照应前文。

师：我们再来看看“我”对大珍珠鸟是怎么做的呢？(教师出示图片)

师：既然“我”对大珍珠鸟都能如此呵护，“我”又何尝不想对小珍珠鸟更多一份关心呢！可是“我”却不敢、不能……透过文字，我们可以看出“我”在极力地控制、约束着自己不去与它亲近。其实，“我”是多么喜欢它！同学们，我们来找一找，字里行间，哪些地方洋溢着“我”的喜爱之情？

师生共读这些句子。

我猜到，是它们有了雏儿。

哟，雏儿！正是这小家伙！

我轻轻抬一抬肩，它没醒，睡得好熟！

师：也许是真的“心有灵犀”吧，小珍珠鸟也与“我”一点点地接近了。它对“我”的态度也在慢慢地发生着变化。我们来看一看，发生了哪些变化？

学生找出相关语句，并重点读。

学生自由读文中关于“我”与小珍珠鸟的句子。

师：“只要大鸟在笼里生气地叫一声，它就立即飞回笼里去。”后面有和这句相照应的一句话，你能找到吗？

师：我们看到，不只小珍珠鸟发生着变化，大珍珠鸟的态度也渐渐有了改变。小珍珠鸟为什么会有这样的变化？(学生讨论后，教师揭开谜底)小珍珠鸟开始可能有些疑问、戒备，后来因为“我”特别的关爱，它与“我”成了朋友。(学生再次重点读相关句)

学生选择喜欢的段自由读，教师指名读相关句。

教师指名读最后两句。

师：我们回过头来看一看，美好的境界体现在哪儿？你觉得这境界美好吗？为什么？(学生自由发言，之后教师出示最后一段，重点语句加点标注)

小组讨论怎样读出“美好的境界”。

学生自由读，教师指名读，学生配乐读，直到读好为止。(范

读、对比读——夸张读)

(三)感悟

师：文章第一部分提到珍珠鸟是一种怕人的鸟，请问现在它还是吗?(学生自由发言后，教师板书：信赖)

师：是啊，“我”仅仅做到了“不管”和“不伤害”，珍珠鸟就信赖“我”！“信赖”就是信任和依靠！当人与人之间，人与小动物之间，真正用“信赖”架起一座桥梁时，这个世界将会变得多么美好啊！让我们再来重温一下这美好的境界吧！如果你能背下来，请你背一背，如果背不下来，就请有感情地朗读出来。(教师放音乐)

教师留作业：以文中小珍珠鸟的口吻改写课文，题目为《我是雏儿》或自拟题，或写作片段练习，题为《我喜欢的小动物》。

四、板书设计

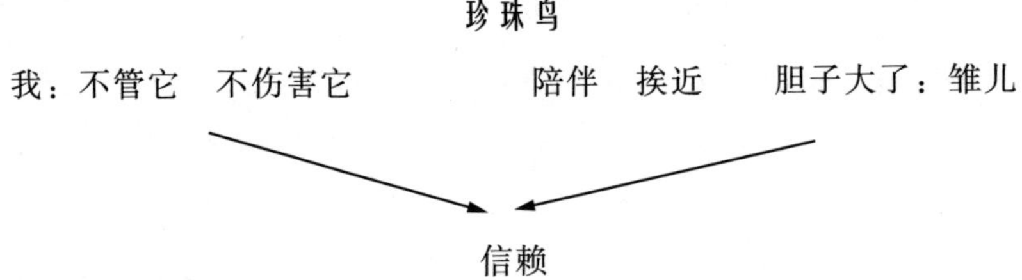

品格在意蕴中得到提升

——《梅花魂》教学设计(第二课时)

一、教学目标

第一，了解课文开头和结尾的关系，体会它们的作用。

第二，有感情地朗读课文。

第三，了解课文的内容，体会华侨老人眷恋祖国的感情。

二、教学重难点

了解课文内容，体会华侨老人眷恋祖国的感情。

三、教学过程

（一）激情导入

师：（展示中国地图，引导学生通过基本形状、长江、黄河等认识中国地图）这是哪里的地图？像什么？

师：我们的祖国就像一只啼鸣报晓的金鸡，昂首屹立在世界的东方。这美丽富饶的国土引众多英雄豪杰为她"抛头颅，洒热血"；也令许多背井离乡、漂泊海外的志士仁人对她怀着深深的思念。今天我们就来接着学习这篇感人肺腑，充满爱国激情的课文（板书课题）《梅花魂》。（展示课件）

（二）初读理思路

1. 学生默读课文

（1）思考课题或默读全文后，提出不懂和想知道的问题。

（2）学生小组交流：交流后提出小组内不能解决的问题。（教师择要点记在"副板书"上）

（3）师生共同梳理问题，将课文归于几件事——教诗、惜画、痛哭、送画、离别。

2. 学生选择自己最受感动的段落深入读课文，可按兴趣结组，分组讨论、思考

（1）自由读，读最感动你的事情。

（2）组内交流自己深受感动的原因。

（3）用自己喜欢的方式展示出来。

3. 小组展示学习成果（按课文中事件发生的顺序展示）

（1）重点：教诗、送别。

（2）通过点拨引导学生深入理解。

①先整体感知：哪件事最感动你？感动的原因？

②再展示：你们用什么展示？

③读你最喜欢、最感动的句子。

(三)悟读品语言

1. 教诗:“常会有一颗两颗冰凉的泪珠滴落在我的腮边、手背”

(1)用读、评读、范读等方式学习。

(2)小结：外祖父那浓浓的思乡情及对祖国深深的眷恋，以至于年幼的莺儿不得其解。接着，又发生了一件更让莺儿觉得困惑的事，是什么？

2. 惜画：画出关键词，自由读

(1)抓住“清白”一词，联系上下文，跳跃读。

(2)小结：外公分外爱惜墨梅图，实际是爱梅花，因为梅花的品格、骨气让外公敬重。

3. 痛哭：分角色读出一喜一悲

(1)课文中有“……”，请想象外祖父要说什么？(扩充读)

(2)小结：不能回祖国使他老泪纵横，痛哭失声，一切尽在不言中，此时无声胜有声！

4. 送画:“愈是寒冷，愈是风欺雪压，花开得愈精神，愈秀气”

(1)她(梅花)是最有品格，有灵魂，有骨气的！

(2)引导学生讨论中国历史上有气节的人物——文天祥(人生自古谁无死，留取丹心照汗青)、岳飞(壮志饥餐胡虏肉，笑谈渴饮匈奴血)、虎门销烟的林则徐、举家食粥著《红楼》的曹雪芹、忍受宫刑写出千古绝唱《史记》的司马迁、以身护法的谭嗣同(我自横刀向天笑，去留肝胆两昆仑)、李清照(生当作人杰，死亦为鬼雄)……

(3)同桌互读、指名读、自由读、师带读……

(4)小结：中国历史上出现了很多有气节的人物。他们的品格就像梅花，越是寒冷，越是风欺雪压，花开得越精神，越秀气。

虽然他们饱受欺凌，人生历尽磨难，但他们仍旧坚持做顶天立地，不低头折节的人。这就是外祖父独爱梅花的原因，也是梅花魂之所在！外公把心爱的墨梅图送给莺儿，就是希望她具有梅花的秉性！做一个真正的中国人！

5. 离别

(1)此段略读即可。

(2)小结：爷孙依依惜别的深情让我们落泪。莺儿带着外公的殷殷重托回到了祖国，而外公带着一颗眷恋祖国的心永远留在了异国他乡……让我们用几幅梅花图聊慰老人那颗孤寂的心……(教师课件展示不同类型的梅花图，如血色的梅花、雪中的梅花、冷艳的梅花等)

(四)照应解课题

1. 齐读开头、结尾，照应课题，再次强调“魂”指的是什么

(1)品“眷恋”一词。

师：一颗眷恋祖国的心正是一颗爱国之心！这就是这篇课文用“梅花魂”为题的原因。

(2)教师课件展示雪压梅枝的背景，课题缓缓上升，意味无穷……

2. 按文中发生的事情，学生分别朗读课文，教师指名读

(1)配乐：马思聪的《思乡曲》。

(2)教师带读第一自然段，引导学生进入情境。

3. 作业(选其中一项即可)

(1)画一幅“梅花手绢”并给它起个名字。

(2)在“‘呜呜呜’地哭了起来……”后，续写2～3句。

(3)说出“咏梅”名句。

四、板书设计

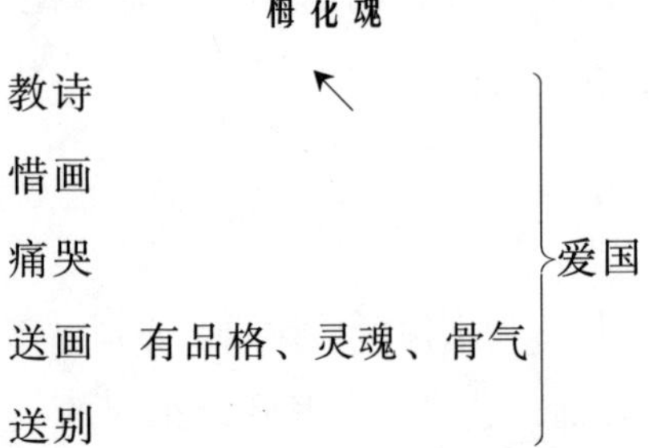

■ 感悟在人境中彰显灵气

——《最佳路径》教学设计

一、教学目标

第一，理解“大伤脑筋”“微不足道”的含义，体会作者用词的精确，把握文章主要内容。

第二，知道作者的写人的方法。抓住“格罗培斯”大伤脑筋的原因和结果。明白尊重别人、有智慧、有创造性、善于思考、执着的人才是大师。

第三，体会给人自由且任其选择的路径是最佳路径的原因，即设计应以尊重人为目的。

二、教学重难点

教学重点：理解“大伤脑筋”“微不足道”等词的含义，知道“大伤脑筋”与“葡萄园”受启发的联系。

教学难点：体会给人自由且任其选择的路径是最佳路径的原因。

三、教学过程

（一）导入

师：通过上节课的学习，我们知道“佳”不仅是好，而且是又美又好，那究竟什么样的路径是又美又好的路径？我们再来读读课文，自由读。看看你又有了哪些认识。（从学生出发，引导学生进一步提升理解）

学生自由读后初步交流：“最佳路径”是给人自由且任其选择的路径。（学生此时并未真的理解自由的含义）

（二）朗读入境，默读理解

师：通过读课文我们知道，这获得世界最佳设计奖的路径，最初可是让大师大伤脑筋。你从哪能看出大师大伤脑筋呢？（学生先自由读，之后教师指名读，重点指导学生带入情境朗读）

教师抓住“微不足道”，提问学生什么样的事情能形容为“微不足道”。

师：大家来猜一猜，在路径设计上大师到底为什么大伤脑筋呢？（放手任学生思考与判断，让学生自由进行板书）

学生默读“葡萄园”部分，教师引导学生思考：你觉得大师在哪些地方受到了启发？用直线画下来，在旁边写出你的想法。

读后谈话：有宽有窄，优雅自然——现在的设计让人随便踩、随便走，尊重了大家的自由。宽是因为走的人多，窄是因为走的人少。

（三）悟理、明人

1. 迪斯尼公园是个游乐场，引导学生思考怎么建造才能更符合大家游玩的需要，让大家玩得更满意

（1）大师的做法不同于他人，他尊重他人，敬业，富于创新，是有大智慧的人。

(2)大师的设计是从对人的尊重出发的。

2. 再看大师的决定：撒下草种，提前开放

(1)大师一开始“大伤脑筋”，但问题的解决方式却来得如此容易。老太太无心，大师有意。

(2)别人也进了葡萄园，但为什么只有大师能在葡萄园里深受启发?

(3)大师是怎样的一个人?

(四)拓展

假如你正在迪斯尼乐园快乐地游玩，当你自由穿行在令人舒服的路径上，心里肯定有很多想法，请把你的想法写出来。要求：说清你的想法，表达要清楚明白。体会对人尊重，能让大家舒服、满意的设计是最佳设计。

四、板书设计

最佳路径

有宽有窄　　优雅自然

尊重人

文字在内化中读成画面

——《六个馒头》教学设计(第二课时)

一、教学目标

第一，默读课文，了解内容，理解同学们是怎样不留痕迹地帮助小女孩的，体会同学间纯真丰厚的友谊。

第二，联系课文情境，进入角色，展开想象，写出女孩的心理感受。

第三，有感情地朗读课文。

第四，懂得同学之间应该建立纯真的友谊，体贴关爱别人。

二、教学重难点

教学重点：理解同学们是怎样不留痕迹的帮助小女孩的，体会同学间纯真丰厚的友谊。

教学难点：理解同学们是怎样不留痕迹的帮助小女孩的。

三、教学过程

(一)导入新课

师：看似普通的六个馒头却引发了一个感人的故事，请同学们齐读课题。

(二)回顾旧知

师：上节课同学们已经知道了小女孩流下了三次眼泪，回顾上节课的内容，说一说第一次小女孩为什么流泪？(老师宣布春游时，小女孩问能不能带馒头，大家笑了，小女孩流下了自卑的泪)

师：我们走进小女孩的内心世界，读一读第2自然段，你们读描写小女孩的语言，老师读其他的语句。

(三)精读品悟

师：我们找到小女孩的第二次流泪语句，读一读。联系上下文想一想这一次她为什么流泪，她心中想到了什么？(自己的馒头被别人吃了，她自己没有吃的了。她后悔参加了这次春游，觉得自己家里穷，本来就不应该来，所以流的是后悔的眼泪)

师：同学们真的是抢她的馒头吃吗？(不是，是在帮助她)

书上是这样写的，我们一起读一读(课件出示“女孩子的脸上渐渐有了笑容，她默默接受了同学们不留痕迹的帮助，默默地享受着纯真丰厚的友谊”)。

读这句话，你有什么不懂的吗?(学生可能提问“不留痕迹”是什么意思?为什么这份友谊是“纯真丰厚”的?老师先让同学们从字面上体会“不留痕迹”“纯真丰厚”的含义)

师：为什么这些帮助是不留痕迹的?他们为什么要这样做?我们默读课文第3～6自然段，体会同学们的帮助，用直线划出描写同学们的语句，用波浪线画出描写小女孩的重点语句，把自己的感受写在旁边。比如课文中写，出发的前一天，女孩子到食堂买了六个馒头，然后低着头跑回学校宿舍，迅速地把馒头装进塑料袋。老师认为她低着头跑回宿舍，迅速地装馒头，是怕自己买馒头的过程让同学们和老师看到，怕同学们嘲笑她家里穷，没有钱，也怕同学们看到后因为可怜她而帮助她，给她一些东西。她不愿意接受同学们这样的怜悯和施舍，所以她低着头，不想让大家发现。那么，同学们叽叽喳喳只是因为出游的兴奋吗?大家像老师这样走进人物内心世界，深入体会课文。(同学们按要求默读，老师巡视)

师生交流学习感受，先请学生读一读自己感受最深的句子，然后谈体会。预设情境如下。

情境一。

生：课文中写，宿舍里几个女同学一边收拾春游带的零食，一边叽叽喳喳地讨论着什么，他们可能是在讨论如何帮助女孩子，但是又不让其他同学发觉。

师：(引导)她们可能会说什么?

情境二。

生：课文中有，“大家纷纷冲向饭厅吃饭去了，只有女孩子一个人待在招待所里，等大家都走了，才从背包里取出馒头。哎呀!塑料袋破了，馒头被湿透的背包泡透了。女孩子只好嚼着被雨水浸泡过的馒头。”

师：(引导)从“只好”这个词，你体会到了什么？去掉“只好”，读一读这句话，感觉有什么不同？

生：她心里很难过，泡透的馒头太不好吃了，她既怕别人看见，又要吃下这难以下咽的馒头。

师：有感情朗读这段话，通过你的朗读来表现女孩子此时复杂的心情。

情境三。

生：“女孩子刚刚吃完一个馒头，同学们就回来了。班长突然说：‘哎呀，我还没有吃饱呢，你能给我一个馒头吗?’女孩子不好意思地点点头。班长打开她的背包，吃起馒头来。其他同学也纷纷拿起馒头嚼起来，转眼间，剩下的五个馒头都被吃光了。”能看出同学们是通过说自己没吃饱，吃她的馒头这种方式来消除她的戒心，好找到请她吃饭的借口。

师：(引导)如果在“班长打开她的背包，吃起馒头来。”这句的“吃起来”前加一个修饰语，你觉得加什么？为什么？请你有感情地朗读这一段。

情境四。

生：“班长最先找到了女孩子，拉起她的手，边走边说：‘我昨天吃了你带来的馒头，你今天的饭由我来解决!’女孩子随班长一起来到饭厅，喝着热腾腾的粥，吃着香喷喷的馒头，她的眼圈红了。”

师：(引导)班长和同学们的良苦用心，此时她一下子明白了。有感情地朗读这一段。

(四)感情表达

师：面对着热腾腾的粥，香喷喷的馒头，班长、同学和老师的热情关注，女孩子再也控制不住自己了，她心中有千般滋味、万种感受……如果你就是这个女孩，你心中会想什么？拿起我们的笔，把这些想法写在作业纸上。

师：读一读你的真实感受。

师：女孩子懂得了同学们这不留痕迹的帮助，懂得了这深沉的爱，她也默默接受了这种爱。我们在读一读这句话。(出示：女孩子的脸上渐渐有了笑容，她默默接受了同学们不留痕迹的帮助，默默地享受着纯真丰厚的友谊)

师：齐读最后一段话。从这可以看出女孩子不自卑了，变得自强了，还用自己的行为回报同学们的爱。

师：回顾全文，你觉课题还有什么深刻的含义？这是怎样的六个馒头？〔口头填空：(　　)的六个馒头〕

四、板书设计

六个馒头

要带馒头		自卑的泪
抢吃馒头	不留痕迹的帮助	后悔的泪
请吃馒头		感激的泪
		自强、感恩

意境在沉浸中悄然生成

——《难忘的八个字》教学设计(第二课时)

一、教学目标

第一，有感情地朗读课文，结合语境理解“与众不同”。

第二，通过人物外貌、心理的体会，了解“我”是一个怎样的小女孩。

第三，体会伦纳德老师对“我”母亲般的关怀，理解八个字的深刻含义。

二、教学重难点

教学重点：了解“我”是怎样的小女孩。

教学难点：联系上下文体会伦纳德老师对“我”说的八个字的意思。

三、教学过程

（一）导入

师：今天我们继续学习《难忘的八个字》。

师：大家还记得课文中的小女孩吗？回忆课文，说说小女孩给你留下什么样的印象。（残疾、丑陋、聪明、与众不同）

（二）初读

师：小女孩到底哪些地方与别的孩子与众不同？（教师出示课件）

生：一个小女孩，长着天生的裂唇，弯曲的鼻子，不整齐的牙齿，左耳先天失聪，说起话来还结巴。

师：人的五官是多么的重要，女孩不但长得难看，左耳还——先天失聪，说起话来还——结巴。这真是雪上加霜啊。大家想象一下，这样的小女孩在生活中会遇到哪些问题？（板书：自卑）就是这样一个自卑的小女孩，所以她越来越肯定地认为——

师：（出示课件并配乐）“我敢肯定，除了家里人以外，没人会喜欢我。”（追问）“除了家里人以外，没人会喜欢我”是什么意思？（学生体会沮丧并读，学生体会无奈并读）

师：小女孩因为长相丑陋没有朋友，她认为除了家里人没人会喜欢自己，她多么痛苦啊。（学生体会痛苦并读）

师：老师从你们的朗读声中感受到这个小女孩的沮丧、无奈、痛苦。就是这样的一个小女孩，二年级的时候遇到了伦纳德老师，她的生活发生了改变，在她身上到底发生了什么事情？我们一起去看看。

(三)感悟

师：大家大声朗读第3～4自然段。看看这次的耳语测验与往常的耳语测验有什么不一样。

师：其他同学是怎样进行耳语测验的？哪位同学可以上来跟老师一起演示演示？(学生和教师演示)面对这样的测验，你们喜欢吗，小女孩会喜欢吗？你从哪些词、句中感觉出来的？对小女孩这是一种负担，是要想办法应付的事。她的心理压力是多么的大呀。

师：这次，小女孩又做好了准备，谁来读一读？(出示课件)“终于轮到我了，我把左耳对着伦纳德老师，同时用右手紧紧捂住了右耳。然后，稍稍把右手抬起一点儿，这样就可以听清老师的话了。我等待着……”(学生读，教师点评)

师：此时，小女孩是一种怎么样的心情？(忐忑不安、担心、恐惧)把这种心情读进文章中去，再读——请女同学再一次读出小女孩那紧张的心理，男同学模仿——(出示课件)(轻轻地)“我愿你是我女儿。”你听到了什么？模仿出来。(感受老师轻轻说这八个字的真诚、充满关爱的情感。)

师：伦纳德老师面对小女孩轻轻地说道……伦纳德老师面对自卑的小女孩轻轻地说道……伦纳德老师面对这个心灵受到伤害的孩子，把慈母般的爱送给她时，轻轻地说道……伦纳德老师为何要说这八个字，你能体会这八个字的意思吗？

师：小女孩听到这八个字时，是一种怎么样的感觉呢？(惊喜、温暖、幸福、感动)是啊，伦纳德老师是学校里唯一没有对她另眼相看的人，而且还说希望她是自己的女儿，抚慰了她受伤的、幼小的心，不仅让她感到幸福温暖，更帮助她从自卑中走出来，走向了——自信(板书“自信”)。所以让小女孩难忘。

师：(出示课件)难怪原文中写到(学生齐读)“这八个字仿佛是一束温暖的阳光直射我的心田。这八个字抚慰了我受伤的、幼小的心灵，改变了我对人生的看法”。

（四）回顾

师：同学们，你们喜欢伦纳德老师吗？想认识这位老师吗？带着你们对伦纳德老师的喜爱之情读——

师：（出示课件）伦纳德夫人长得很胖，很美。她有着金光闪闪的头发和一双黑黑的、笑眯眯的眼睛。（提示：伦纳德夫人的外貌给我们什么感觉？）

师：过了许多年，这个加拿大的小女孩长大了，成了有名的作家，她就是本文的作者——（出示玛丽安·伯德的照片）

（五）课堂延伸

师：这节课马上就要结束了，你有什么想说的吗？你想对这个女孩说些什么，你又想对伦纳德老师说些什么？

师：我们要像伦纳德老师那样，奉献爱心，关爱有缺陷的人，做到人与人之间互相关心，彼此尊重，让我们周围充满关爱。

四、板书设计

难忘的八个字

自卑 ——→ 自信

传统在教学中落地生根

——《将相和》教学设计

一、教学目标

第一，了解故事发生的背景，初通题意。

第二，理清文章脉络，用摘录法及概括法确定小标题。

第三，深入学习“完璧归赵”，体会人物性格。

二、教学重难点

教学重点：初通题意，体会人物；用摘录法确定小标题。

教学难点：理解蔺相如不是仅凭“口舌之勇”，深刻体会人物。

三、教学过程

(一)解题

齐读课题，理解“将”“相”分别指的是谁；顺势解决生字“廉”“蔺”。

课题正应一个字谜“斌”，借此说明“将相和”对于一个国家的重要性。

再读课题。

(二)初读

1. 朗读文章第一自然段，了解故事发生的背景

(1)战国时期。

(2)秦强赵弱。

(3)秦恃强凌弱。

2. 结合战国形势图，了解历史背景

(1)战国七雄。

(2)秦、赵相邻。

(3)渑池所处位置。

3. 浏览全文，厘清脉络

(1)确定三个小标题：两个用“摘录法”得到。

(2)区别“渑池之会”“渑池相会”“渑池会见”的不同。

(3)点出“完璧归赵”“负荆请罪”的意思并应用。

(三)重点感悟“完璧归赵”，体会人物性格

1. 初步感知

(1)走进字里行间，找出描写人物的相关语句，简单批注。

(2)交流，得出初步体会：机智勇敢。

2. 再次走进人物

(1)分为“出使之前”“出使之中”“出使之后”再读人物语言。

(2)指名朗读。

(3)补充资料：《史记》司马迁。

(4)自由读、指名读、范读，通过读好人物的语言体会人物。

3. 再次评价人物

丰富人物的评价，不局限于课文中的、概念化的、程式化的“机智”“勇敢”。

4. 通过前后评价的比较，谈谈收获

透过文字看人物，透过语言看思想。

(四)余韵

补充《和氏璧》的故事，寻找战国时期流传下来的成语，与学生共同得出结论：祖国的语言博大精深，魅力无穷，我们应热爱之。

四、板书设计

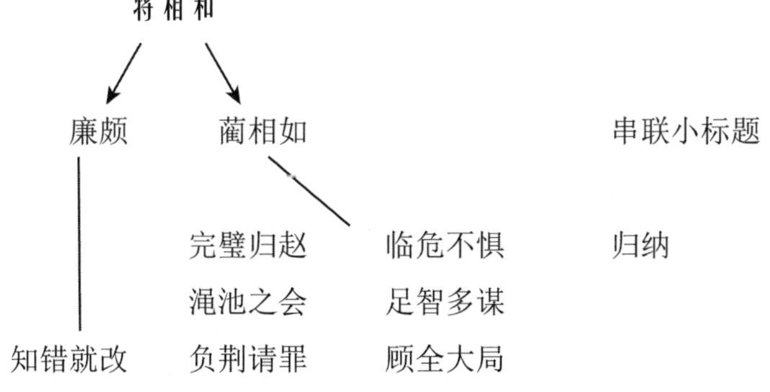

第五章　自然的语文之教学指导

品石成金，感悟“奇”

——《黄山奇石》教学设计(第一课时)与点评

一、指导思想与理论依据

自主创造性的课堂教学追求适切的创新，能够激发学生的学习兴趣，引导学生最大限度的发挥主动性。教师的教学过程要体现教学方法的多样性，激发学生的学习兴趣，帮助学生体验学习的乐趣。本课在自主创造性课堂教学原则的指导下，激发学生学习的独立性和创造性，改变了传统教学方式，给学生创造充分自主学习的空间，引导学生主动思考、探究，使学生获得知识，提高能力。

二、教学背景分析

(一)教材内容分析

本课是小学语文国家统编教材二年级上册的一篇课文，全文围绕黄山石的“奇”，分别介绍了“仙桃石”“猴子观海”“仙人指路”“金鸡叫天都”等景观。课文语言优美、描写生动，通过运用拟人、比喻的手法，形象生动地刻画了黄山奇石的样貌，为学生展开了一幅生动的奇石风景图。学习本课有利于学生进行想象力训练和语言学习。

(二)学生情况分析

经过一年级的学习，学生已经具备了初步的认读拼音能力，并且养成了自主学习的习惯。本文讲述的黄山风景区对于部分学生来说比较陌生，为学生理解黄山奇石造成了一定困难。因此，教师在教学中要创设相应的情境，通过多种形式的朗读活动引导学生感悟文章内容。

三、教学目标

第一，学会本课生字，会写“南、部、尤、陡、峭”等字。认识认读字。

第二，正确、流利地朗读课文，了解课文内容，知道作者介绍了哪几种奇石。

第三，学习课文第 1～2 自然段，知道黄山的地理位置、黄山奇石的特点，感受“仙桃石”的有趣，能有感情地朗读。

第四，培养学生对大自然的喜爱之情。

四、教学重难点

教学重点：识字与朗读课文。

教学难点：感受“仙桃石”的有趣。

五、教学过程

(一)激情导入，引起阅读期待

1. 出示图片，建立感性认识

师：同学们，你们看这些是什么样的石头？(板书：奇石)

2. 揭示谜底，激发学习兴趣

师：这些奇石都在黄山(板书：黄山)，齐读课题，今天我们一起到黄山去看看。

【设计意图】运用图片拉近学生与文本的距离，激发学生阅读兴趣，使学生获得初步情感体验。

(二)整体进入，了解课文内容，感受“仙桃石”的有趣

1. 初步感知

(1)教师出示课文的第1自然段，提问学生从第一句话中知道了什么。

(2)教师出示黄山四绝：奇松、怪石、云海、温泉，并出示相关句子，引导学生理解“奇石最有名”。

师：这就是闻名中外的黄山。你知道“闻名中外”是什么意思吗?“闻”里面有个“耳”。“不仅中国人听说过，外国人也听说过”，这就是“闻名中外”。带着你的理解读读第1自然段。

【设计意图】通过学习第1自然段，学会相关生字、认读字，学会生字词语“南部”。通过读本段的前两句话，引导学生知道黄山的地理位置、奇石特点，进一步激发阅读兴趣。

2. 学习生字及认读字

(1)多种形式学习生字、认读字。

①自由读课文，读完的同学可以圈出生字并多读几遍。

②教师出示词语(南部、尤其、陡峭、天都峰、弹琴、岩石、闻名中外、秀丽神奇、奇形怪状)，并将生字标红、注音。

③学生能教教同桌怎样读这些词。

④学生(教师去掉拼音)再教教他怎样读。

⑤教师与学生一起读读这些词语。

【设计意图】运用多种识字教学方法和形象直观的教学手段，提高自主识字教学的效率。

师：(出示句子)“在一座陡峭的山峰上，有一只‘猴子’”，生字出现在句子里了，你还能读好吗?读完这句话，你有什么不明白的吗?你能用手势告诉大家“陡峭”是什么样吗?

师：(出示图片)你知道哪一个是陡峭的山峰吗?

师：(出示课文的最后一个自然段，将生字标红)你能读好这段话吗?

【设计意图】利用图片与学生的生活经验，引导他们在语言环境中理解词语意思。

(2)巩固生字、认读字。

师：(复习生字，课件演示)如果你能把生字都读准确，就会发现有趣的事。(学生读完生字，课件上出现4张奇石图片)

(3)检查学习效果。

(三)了解课文内容，感受奇石的有趣

1. 整体进入

学生默读课文第2～6自然段，用横线画出奇石的名字。之后教师板书奇石的名字：仙桃石、猴子观海、仙人指路、金鸡叫天都。

2. 感受“仙桃石”的有趣

师：“仙桃石”为什么有趣？请同学们四人为一组，合作学习。每个人都说说它哪儿有趣，然后有语气地读一读，读的时候还可以加上动作。

【设计意图】引导学生整体感知课文内容，在了解文本的基础上，合作学习解决阅读中的问题，感受、理解“仙桃石”十分有趣。

学生学习，教师巡视，最后进行小组汇报。

3. 指导朗读

教师指导学生朗读“飞下来”和“落”。

4. 表达能力提升

教师引导学生用自己的话说说“仙桃石”名字的来历。

【设计意图】培养学生个性化的阅读理解，通过对关键字词意思的理解，用恰当的语气语调达到有感情朗读的目的，体现对课文内容的理解。

(四)指导写字

教师出示儿歌，将生字标蓝，引导学生朗读诗歌并记住生字。

教师引导学生写好生字。

教师讲解生字写法，教师范写，学生临写。

教师展示学生写的字。

【设计意图】引导学生规范书写生字，在日常书写中增强练字意识，培养学生书法审美趣味，提高书写质量。

六、板书设计

黄山奇石

仙桃石

——猴子观海　　有趣——

仙人指路

金鸡叫天都

七、教学效果评价设计

读准词语：南部、尤其、陡峭、天都峰、弹琴、岩石、闻名中外、秀丽神奇、奇形怪状。

规范书写：南、部、尤、陡、峭。

学生能用自己的话说“仙桃石”一名的由来。

白纯舵的点评：本设计有几个优点。第一，教师能整合学生问题，有效利用课堂生成资源。教学中，教师留给学生充足的时间思考并提出问题，而不是把一个问题切分成若干小问题，从而增加浅显的师生互动，浪费宝贵的教学时间。第二，教师能关注全体学生，把阳光洒向全部学生。课堂不是一言堂，教师有意识给学生提出问题的机会，培养学生质疑的能力，引发学生思考。第三，教师能真情投入课堂，展现语文学科人文特点。上好语文课的关键因素之一是“真实”，语文课的真实是师生之间以语言为载体进行的交流。这节课，教师不是高高在上，而是与学生平等交流，跟学生正常聊天，不造作、不虚伪。第四，教师能没有预设课堂，没有束缚学生整体发展。创造性的课堂没有僵化的统一标准，课堂不怕出错，动起来的课堂才有生机，才具有自主创造性。这节课，因为有了教师的顺学而导，才有了学生的生动性和自主性。教学过程中几处亮点是，其一，随文识字配上相应动作、图片帮助学生理解难词，利于学生对词语的理解。其二，关注学生对课文整体感知，体现了对学生认知规律更深入地理解。其三，时间分配合理，突出体会黄山奇石“有趣”这一学习重点，将时间充分用于有效教学。其四，注重语言文字运用的理解、品味。重点抓住“仙桃石”有趣，通过语气的运用读出“有趣”的感觉。

（教学设计作者：白冰，此课获 2013 年度北京地区课堂教学录像课评比一等奖）

点面结合，习得方法

——《开国大典》教学设计与点评

一、指导思想与理论依据

《标准(2011 年版)》指出，5～6 年级的学生在阅读方面，要“初步领悟文章的基本表达方法。在交流和讨论中，敢于提出看法，做出自己的判断”。学生的语文学习不是简单的感受、体会，而是要把工具性和人文性做到统一，要在课上习得方法。而在习作方面的要求是“养成留心观察周围事物的习惯，有意识地丰富自己的见闻，珍视个人的独特感受，积累习作素材”。因此在练习中要让学生养成观察的习惯，我手写我心。

二、教学背景分析

(一)教材内容分析

《开国大典》是小学语文国家统编教材六年级上册的一篇课文，它是一篇经典的老课文，是一篇鼓舞人心的新闻特写，描写了 1949 年 10 月 1 日在首都北京举行开国大典的盛况，记叙了中华人民共和国成立时人民欣喜若狂的动人场面。作者借人民心声，表达了这样一个主题：中华人民共和国成立宣告中国人民站起来了！文章文笔流畅，条理清晰，借刻画得细致入微的会场部署、大会盛况、群众游行等场面，突出了建国大典的喜庆、庄严、热烈的氛围。

本篇课文篇幅较长，但语言浅显易懂，且字词的读音和课文语句易混淆的地方较少。统编版教材中本单元的单元提示为“重温革命岁月，把历史的声音留在心里”，能力培养目标为“了解文章是怎样点面结合写场面的。尝试运用点面结合的写法记一次活动”。

(二)学生情况分析

开国大典距今七十余年，当时的社会环境与现在的学生生活较远，如何运用教学手段实现语文教学工具性与人文性的统一，切实提高语文教学的有效性，是这篇课文教学的关键。但因本班学生之前已经掌握了利用网络、询问家人等方式搜集资料的方式，并且已经明白收集信息不是简单的复制、粘贴，而是进行“再加工”，需有甄别，加之学生在道德与法治课堂上已经学习过相关知识。综上所述，学生已经相对充分地了解了本文的时代背景。

三、教学目标

第一，通过学习阅兵式部分，感悟点面结合的写作手法。

第二，运用点面结合的场面描写方式，完成一段话。

第三，体会点面结合写场面的好处，感悟它在突出新中国成立时人民自豪、激动的心情时的作用。

四、教学重难点

教学重点：通过学习阅兵式的部分，运用以点面结合的形式进行场面描写。

教学难点：体会点面结合写场面的好处，感悟它在突出新中国成立时人民自豪、激动的心情时的作用。

五、教学过程

(一)整体回顾，直奔主题

师：今天继续学习《开国大典》，齐读课题。

师：这篇课文分为哪几部分写开国大典？在描写会场和典礼时作者运用了什么方法？(点面结合)这节课我们继续学习这样写的好处。

师：还记得我们学习这个单元的要求吗？(课件出示：了解文章是怎样点面结合写场面的，尝试用点面结合的写法记一次活动)，这节课我们就以阅兵仪式为主来学习点面结合的写法。

【设计意图】直接进入本节课学习的重点，让学生明确本节课需要做什么，学什么。有了任务才能更好地进行自主学习。

(二)重点感受，习得方法

师：阅兵仪式的内容在课文的哪里？(学生回答出在第 11～13 自然段)，大家自由读这 3 个自然段，说一说作者是怎样描写这个场面的？

【设计意图】总览课文后，直接进入本课重点部分的学习，并且充分相信学生，由学生自主阅读。

学生自主阅读后汇报。

1. 预设学生回答

(1)与部队相关的词语或句子。

(2)描写海军衣服颜色的语句。

(3)描写步兵队形的语句。

(4)描写炮兵与各式各样的炮的语句。

(5)“毛主席首先向空中招手。群众看见了，都把头上的帽子、手里的报纸和别的东西抛上天去，欢呼声盖过了飞机的隆隆声。”

(6)“人民空军的飞机也一队队排成人字形，飞过天空。”

2. 教师预设提问

师：在写这些队伍时，作者用了“以上这些部队，全都以相等的距离和相同的速度经过主席台前”，这句话令你知道了什么？(引出教学目标“感情点面结合的写作手法”)

师:(指名读)说一说你读到的是大场面的描写,还是小点的描写。

师:阅兵仪式这部分中还有点面结合描写吗?

【设计意图】学生提取信息后辅以朗读教学,让朗读充分帮助学生明确自己是否已经读懂。

生:第12～13自然段,作者既写了一个部队,又从“面”的角度写了广场上的人们不断鼓掌和欢呼。既有重点细节描写,又有大环境的氛围描写,读者能体会到场面的壮观。

【设计意图】学生明白点面结合的写法后,教师引导学生感受到这样写的好处,由学生自己感悟得出结论。

(三)学法迁移,理解用途

师:在开国大典中,阅兵式结束后,还有热情的群众游行,你能找到这部分的点面结合写法吗?(“游行队伍分东西两个方向出发,他们擎着灯,舞着火把……他们一队一队按照次序走,走过正对天安门的白石桥前,就举起灯笼火把,高声高呼……”)

【设计意图】重点学习阅兵仪式,让学生习得了写作方法,之后安排迁移练习,引导学生明白写作方法的效果。

(四)读写结合,交流分享

师:我们学习了点面结合写场面的方法,也感受到这样写的好处,你能不能也用这个方法写一个场面?(出示要求:运用点面结合的方法写一个场面,并表达一定的情感与情绪)

学生进行练笔,教师巡视。

师:请一位同学读一读,其他同学评价,并说出优点与建议。

【设计意图】学生通过互相评改,加深理解“点面结合”的写作特点,以及这样写的好处。

(五)巩固加强,拓展积累

师:1949年,中华人民共和国成立,30万人见证了这一时刻。

祖国大江南北的人民听到这一消息，无不为之振奋。近 70 年的时间，我们的祖国发生了翻天覆地的变化，马上就是 10 月 1 日国庆节了，今年会举行 70 周年国庆阅兵仪式，我们在观看的同时，也想想如何用今天学习的方法来描写这个场面。

六、板书设计

开国大典

海军

炮兵

阅兵　战车师　　　　点面结合

骑兵

游行

激动 自豪

七、教学效果评价设计

教师在课堂上评价学生的朗读、口头与书面表达等。

同学之间互相评价朗诵、口头与书面表达等。

学生为自己的朗读、口头表达做出评价。

表 5-1　课后评价表

项目	A 级	B 级	C 级	个人评价	同学评价	教师评价
朗读与口头表达	字音正确、句子通顺，朗读时能较好地体现出自己的理解。较好地理解“点面结合”的好处。	字音正确、句子通顺，朗读时能较好地体现出自己的理解。理解“点面结合”的好处。	字音正确、句子通顺，能说出“点面结合”的好处。			

续表

项目	A级	B级	C级	个人评价	同学评价	教师评价
习作	能够运用“点面结合”的写法写出一个场面和三个细节，并写得详细、清晰，表达出一定情绪或情感。	能够较好地运用“点面结合”的写法写出一个场面和至少两个细节，并表达出一定的情绪或情感。	能够运用“点面结合”的写法写出一个场面，和至少两个细节。			

白纯舵的点评：《开国大典》本次收入在统编版教材中，不同于之前，它所在的第2单元训练点是“了解文章是怎样点面结合写场面的，尝试用点面结合的写法记一次活动”，因此在教学设计中，教学目标其一就是“通过学习阅兵仪式的部分，运用以点面结合的形式进行场面描写”。在设计中，结合预设的学习目标，注重渗透学法的指导。教师通过学生学习阅兵式这一部分内容，感受点面结合的方法描写的好处，学生的自我学习，内化过程从中得以体现，进而学生仿写水到渠成。

（教学设计作者：杨薇）

总结延伸，明理辨析

——《狐假虎威》教学设计(第二课时)与点评

一、指导思想与理论依据

阅读教学是小学语文低年级语文教学的重要任务之一，它在母语教育的起步阶段发挥着奠基作用，直接关系到识字、写字、写作、口语交际等各方面的教育。《标准(2011 年版)》指出，学生应具有独立阅读的能力，有较丰富的积累和良好的语感，注重情感体验，并学会运用多种阅读方法。而在阅读的 1～2 年级学段目标与内容中则提出，学生要喜欢阅读，感受阅读的乐趣；学习用普通话正确、流利、有感情地读课文；结合上下文和生活实际了解课文中词句的意思，在阅读中积累词语。

二、教学背景分析

(一)教材内容分析

《狐假虎威》是小学语文国家统编教材二年级上册的一篇课文，是根据《战国策·楚策一》改写的。课文讲述了一只狐狸是如何狡猾地骗过了老虎的，狐狸不仅使自己从危险中逃脱，还借着老虎的威风吓跑了其他动物。课文共 9 个自然段，可分为 4 部分，课文的语言生动形象，从狐狸和老虎的神态、动作、语言描写可以看出两者的不同特点——狐狸的狡猾和老虎的愚昧。例如，狐狸的“眼珠子骨碌一转”“扯着嗓子”“神气活现”“大摇大摆”，老虎的“一愣”“半信半疑”“东张西望”，这些描写让这两个动物形成了鲜明的对比，读起来趣味盎然。

(二)学生情况分析

小学二年级的学生对寓言故事比较感兴趣。本课根据这一单元的训练重点，在教学过程中设置了从读故事到演故事的流程。课堂需注重学生的朗读，所以在教学过程中设置了不同形式的读书教学，借助不同形式的朗读，让学生读通顺课文，读懂内容和寓意，再通过学生喜欢的演一演形式，最终达到读好课文的要求。

三、教学目标

第一，认识生字，会写上下结构的字，会写“食”“物”。

第二，朗读课文，理解词语意思，分角色演一演这个故事。

第三，明白《狐假虎威》所蕴含的道理。

四、教学重难点

教学重点：朗读课文，理解成语故事意思；写好两个生字。

教学难点：用联系上下文及查字典的方法，理解文中重点词语的意思。

五、教学过程

(一)复习导入

教师检查学生的词语学习情况(食物、眼珠子、老天爷、爪子、神气活现、野猪、狐假虎威、转动、扯着嗓子、派、违抗、一趟、纳闷、受骗、借着)。

师：(自由读)这些字词你们还认识吗？请大家自己读一读。

师：(随机指名读)谁能读一读这些词语，如果同学读对了，请你跟读。

师：(打乱顺序读)这一次我们要增大难度，谁能做到老师指哪个你读哪个？

师：(词语填空练习)在这篇课文中，还有两个多音字，请大家结合注释选择正确的字音填空。指名说读音，结合注释几做出的选择。

转(　)身　转(　)达　旋转(　)　转(　)来转去

闷(　)热　闷(　)声闷气　闷(　)闷不乐

【设计意图】识字是低年级教学重点，从学生熟悉的字词语出发，为学生读好课文做铺垫。

(二)学习新课

1. 读懂文意

师：同学们字词掌握的都不错。请大家把这些字词带到课文中去，自由读一遍课文，找一找课文中的哪句话可以概括“狐假虎威”这个故事，用曲线把这一句话画出来。(出示：狐狸是借着老虎的威风把百兽吓跑的，这就是“狐假虎威”的意思)

师：(逐字理解“狐”——狐狸，“虎”——老虎，“威”——威风)这样看来，“假”在这里的意思是？

预设学生的回答如下。

生：假装。

师：请同学带入这个词意读一读。(引出“假”的意思是借)

生：借。

教师带领学生逐意代入，理解“借”的意思。把词语意思完整理解一遍，体会“借着”的意思。

【设计意图】在《标准(2011 年版)》中，1～2 年级学生的识字写字目标中提出，学生要用音序和部首检字法查字典，教师此时需让学生借助查字典理解词语意思，加深对文本的理解。

2. 读懂句意

师：大家知道了这个故事的主要内容，再重点看看狐狸是怎么借着老虎的威风把百兽吓跑的。大家默读课文，看一看狐狸共说了几次话，用直线画出来，注意要画准确。之后，请同桌互相说一说自己画了哪里，并读一读。教师请一位画正确的同学汇报。

教师出示有问题的画法，指导学生画准确。

(1)第一句：你敢吃我？

师：(请同学读第一句)狐狸在说这句话时，眼珠子“骨碌”一转，大家做一下这个动作，从这里你感受到什么？(生：在想坏主意)“扯着嗓子”，扯的是嗓子还是嗓音？(学生练读，教师指名读)

师：谁能边做动作边读一读这句话？

师：(学生读后)听老师读两个“你敢吃我”，重音分别强调“吃”和“我”，哪个更正确？(应强调“我”，意为“你不敢吃我”)

学生继续练习。

(2)第二句：老天爷派我来管你们百兽，你吃了我，就是违抗了老天爷的命令。我看你有多大的胆子！

师：狐狸为了让老虎更加相信它，就接着说(指名读)：“老天爷派我来管理你们百兽，你吃了我，就是违抗了老天爷的命令。我看你有多大的胆子！”

教师评价刚刚的朗读。

师：(学生朗读到位)你的声音响亮，语气坚定，你这样说老虎一定会相信的。大家像他这样读一读。

师：(学生朗读不到位)声音这么柔弱的狐狸，一听就是假的。你要是老虎，吃不吃这只狐狸?

师：“百兽”指的是——老虎和其他动物。狐狸说自己是老天爷派来的，可比他们都高一级呢！多厉害呀！(男女生各一句读。女生先，男生后。读出狐狸的气势)

(3)第三句：我带你到百兽面前走一趟，让你看看我的威风。

师：这时老虎真的有点蒙了，不由得松开了爪子。(请一位学生读)狐狸要带老虎到森林深处走一趟，看看它的威风。狐狸边说边摇了摇尾巴，如果你是这只狐狸，此时你的心里在想什么?(指导学生在语气上更自信，更大胆)

【设计意图】学生要学习用普通话正确、流利、有感情地朗读课文。本篇课文中，狐狸说的3句话层层递进，步步提升，值得学生朗读和体会。

3. 读懂词意

师：老虎跟着狐狸朝森林深处走去。请同学读一读第7～8自然段，体会一下它们在森林中的场景。

师：(出示“神气活现、摇头摆尾、半信半疑、东张西望、大摇大摆”)大家说一说哪几个词是写狐狸的，哪几个词是写老虎的? 你觉得这几个词语哪些是属于狐狸的? 哪些是属于老虎的? 哪些是属于其他小动物的?(请两位同学演狐狸和老虎，其他同学演小动物

们，配音乐朗读）

预设学生的表演情况如下。

师：（学生朗读到位）通过表演，同学们对这几个词语都理解得不错。

师：（学生朗读不到位）狐狸和老虎表演得比较腼腆，这几个词语的意思他们都了解了吗？

师：老虎信以为真，它受骗了。原来——（师生齐读课文最后一句）

【设计意图】除对话外，教师适时创设情境，引导学生角色扮演。通过表演体会句子，进而读好课文。

4. 读好课文

师：通过前面的朗读与表演，同学们再读的时候一定会读的特别有感情，请同学们以自己喜欢的方式再读一遍课文。

5. 明理辨析

师：《狐假虎威》是一则寓言故事，所谓“寓言”，就是借着一个小故事来说明一个道理。在这个寓言故事中，狐狸借着老虎的威风把小动物们吓跑了。你们喜欢狐狸吗？

预设学生的回答如下。

我不喜欢，因为它太狡猾，专门骗人。

我喜欢，因为它很聪明。

师：那我们就要——学习狐狸的聪明，不学它的狡猾。

【设计意图】学完课文后，让学生在交流中辩证客观地看问题。

（三）识字写字

1. 食

（1）出示“食”字的演变过程。“食”原本是下面是装满饭的碗，上面加盖。该字的意思有食物（素食、零食、面食）、日月亏缺或完全看不见（日食、月食）。

（2）笔顺书空。

2. 物

(1)形声字，意为万物。在古时候，牛为大物，古时候人们认为天地间的万事万物皆起于牵牛耕地，所以“物”是牛字旁。

(2)组词：食物、动物、物品、物体。

(3)笔顺书空。

3. 指导书写

(1)食：上面舒展，注意最后一点的书写。

(2)物：左窄右宽，两边基本等高，注意“提”和“两撇”的书写。

(3)描一个字，写一个字。

(4)教师巡视，规范学生写字姿势，展示学生的字，引导学生重复书写。

【设计意图】识字、写字是小学低年级学生的教学重点。在此过程中，教师要引导学生通过字理识字，增加学生识字兴趣。并通过写字练习，指导学生端正、规范地书写汉字。

(四)总结延伸

师：通过今天的学习，我们知道了在生活中要学狐狸的机智，用智慧做事，千万不要学狐狸的狡猾去骗人。关于狐狸的故事还有很多，课下同学们可以读一读关于狐狸的其他故事，说一说其他故事中的狐狸是什么样子的。

六、板书设计

狐假虎威

借

七、教学效果评价设计

通过各种形式的读、词语填空，以及书写等进行字词识记。

通过读懂文意、读懂句意，读懂词意，理解课文内容。

通过各种形式的朗读课文，感知课文蕴含的道理。

白纯舵的点评：《狐假虎威》第二课时教学，以《标准(2011年版)》为依据，围绕单元重点展开教学。第一，本课环节设计思路清晰。通过读对、读懂、读好课文这三个教学层次逐步深入，学生循序渐进地朗读课文，达到不只能读正确、通顺，而且能带着理解去读课文。第二，教师运用多种识字方法带学生进行识记、理解字词。本课涉及的方法有多音字组词、逐意代入、动作理解、联系上下文、字理识字等。学生在多样的识字方法的指导下进行趣味学习，收到了较好的识字效果。第三，本课教学较好地体现了寓言故事特点。所谓寓言，即以浅显的故事说明深刻的道理。本课教学在充分朗读与理解的基础上，让学生议一议是否喜欢文中的狐狸，学生在交流中感知到要辩证地看问题。总之，本课教学符合低年级学生的年龄特点，做到了真实、朴实、扎实。

（教学设计作者：赵海霞）

拓展资源，丰富知识

——《江南》教学设计与点评

一、指导思想与理论依据

《标准(2011年版)》中对1～2年级学生的识字与写字提出了“喜欢学习汉字，有主动识字、写字的愿望”的要求。同时，在识字、写字教学的具体建议中还提出“识字教学要注意儿童特点，将学生熟识的语言因素作为主要材料，结合学生的生活经验，引导他们利用各种机会主动识字，力求识。要运用多种识字教学方法和形象直观的教学手段，创设丰富多彩的教学情境，提高识字教学效率”。因此在教学中，教师要充分调动起学生的主观印象，帮助学生建立生活与汉字学习之间的联系。教师应使用多样的教学方法，引导学生灵活运用积累的识字方法，主动识字。在生活中学习，在活动中积累。

二、教学背景分析

(一)教材内容分析

《江南》是小学语文国家统编教材一年级上册的一篇课文，本单元课文的内容是四季中典型的自然现象或场景。本单元其他 3 篇课文分别是《秋天》《小小的船》《四季》，课文题材丰富，体裁各异，有散文、儿童诗、古诗和儿歌。《江南》这首采莲歌主要反映了采莲时的光景和采莲人欢乐的心情。挨挨挤挤的莲叶下面，鱼儿戏水，采莲人划着小船在莲叶间穿行，互相追逐嬉戏，呈现出一幅秀美的江南风光！本课有 9 个认读汉字、两个新部首、3 个会写字、两个新笔画。教师在前面的识字单元、课文单元教导学生学习汉字，积累识字方法的基础上，要引导学生继续巩固方法，灵活运用方法识记汉字，达成教学目标。

(二)学生情况分析

一年级的学生此时在校学习已有两个月，初步掌握了一些简单的学习方法。学生们喜欢感知形象直观的事物，积累了一些识字方法，对识字有兴趣，但是方法运用还不够灵活、巧妙，注意力容易分散。所以教学时教师采用了猜一猜、数笔画、加一加等方法提高学生们的识字兴趣，巩固识字方法。

三、教学目标

第一，认识“江”“南”等 9 个生字和“三点水”“草字头”这两个偏旁。会写生字“可”和偏旁“竖钩”。

第二，正确朗读课文。

第三，结合插图，感受江南的美丽。

四、教学重难点

教学重点：读准“南”“莲”等生字的字音，会写偏旁“竖钩”；正确朗读课文。

教学难点：正确流利地朗读课文，读好停顿。

五、教学过程

(一)情境导入，认识江南

教师课件播放江南水乡照片，引导学生欣赏并猜这里是什么地方。教师课件出示课文题目《江南》，学生根据拼音朗读。教师带领学习生字“江”。(1)认识新偏旁“三点水”，教师板书领写。(2)指名学生说一说生活中见过的带有“三点水”的字。(3)课件出示带有“三点水”的字，学生带着音节读一读。(4)引导学生猜想，偏旁“三点水”与什么有关系。(5)学生试着组词。

学生结合资料认识“长江”。课件出示关于长江文字和图片，带领学生了解长江。

【设计意图】使学生更清晰地认识长江。这样的设计不仅帮学生增长知识，获取更多有效信息。同时，更感受到拥有这样的一条大江的自豪与骄傲。

学习“南”，指名读字音、介绍“南”表示的是方向，和它相对应的方向是“北”。学习生字“北”。

课件出示“江南”的位置。

请学生们打开语文课本，教师朗读课文。

学生借助拼音小助手，自由读课文。

教师出示词语，学生用多种形式练习读课文。

学生再读课文，一边读，一边标出句子的序号。

教师指名学生分句读。

【设计意图】学生通过读词语，认读汉字读音，将字词放入课文朗读的多种学习方式强化字音。

(二)随文识字，走进江南

1. 学习生字

(1)出示句子“江南可采莲，莲叶何田田。”

①学习生字“莲”。教师出示生字卡片“莲”，带学生认识新偏旁“草字头”。课件出示(莲花、莲叶、莲藕、莲子、莲蓬)，教师带着学生读一读，认一认，并让学生猜一猜“草字头”和什么有关系。

【设计意图】认识偏旁“草字头”是本课的教学重点。为帮助学生了解部首含义，借助图片让学生认识“莲”的朋友，这样的设计不仅能引起学生学习兴趣，还能了解部首意思，便于学生有效记忆。

②学习生字“采”。课件出示“采”字的演变过程，让学生猜猜这个字是什么意思。学生给“采”组词，教师出示诗句(松下问童子，言师采药去。小娃撑小艇，偷采白莲回)，让学生说说诗中都在采什么。

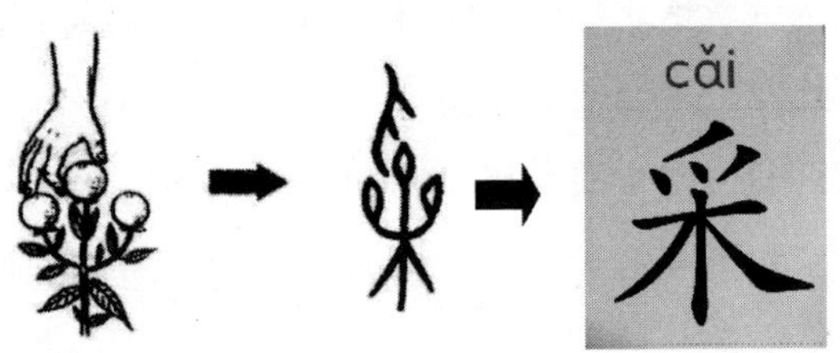

图 5-1 “采”字的演变过程

【设计意图】学习“采”字时，除了让学生组词，还在诗句中找到和“采”有关系的词语，然后背一背古诗，不仅可以增强孩子们的古诗积累量，而且还能体会到我国传统文化的源远流长。

2. 学习“何田田”

(1)观看莲叶的课件，出示诗中的句子“莲叶何田田”。

(2)学生试着读一读，教师指导朗读，读好停顿。

(3)课件出示第一句话“江南可采莲，莲叶何田田”。教师指名让学生读一读，读好停顿。

3. **课件出示“鱼戏莲叶间”**

(1)教师指名试着读一读。

(2)学习生字“鱼”，引导学生组词，读一读词语(课件出示)。

师：猜一猜小鱼在什么地方玩耍？(生：鱼在莲叶间。)你们说出了小鱼在的位置，那小鱼还有可能在莲叶的什么位置玩耍呢？(教师课件出示“鱼戏莲叶东，鱼戏莲叶西，鱼戏莲叶南，鱼戏莲叶北”)

【设计意图】借助图片了解并认识“鱼”字，通过语言描述图片，给“鱼”组词，帮助学生积累语言，拓展词汇量。

课中休息，学生演唱《江南》。

【设计意图】教师选择了《江南》的表演唱作为课中休息活动。本歌的歌词就是诗句内容，演唱可以更有效地帮助学生记忆文字内容，达到准确掌握的目的。舞蹈动作的加入不仅让孩子们动起来，得到放松，同时直观地帮助学生理解“东西南北”的不同方向的含义，为进一步学习打下基础。

4. 学习“东西”

(1)教师出示“鱼戏莲叶东，鱼戏莲叶西，鱼戏莲叶南，鱼戏莲叶北”。

(2)教师出示生字卡片“东西”。引导学生看课文，进行“东”的笔顺跟随，然后一起书空。

(3)教师引导学生知道“东西”是表示方向的词。

(4)强调读音：观察“东西”的不同用法，找到“西”的不同读音。“东西”表示方向时，读“xī”，“东西”表示一件物品时，读“xi”，引导学生试着读一读，体会字音的变化。

【设计意图】学生在朗读这两个词语后发现它们有两种不同的发音，表示不同的意思。这样的设计使学生的思维更灵活，能丰富学生词语积累。

(5)教师引导学生自由读句子，感受小鱼在莲叶间玩耍嬉戏的位置(教师指名读)。

(6)教师再次引导学生自由读课文，提示学生把句子读通顺。

(三)指导书写，记忆江南

出示字卡“可”。

说一说“可”的记法(数笔画、加一加)。

【设计意图】教师鼓励学生运用积累的识字方法识记汉字，帮学生强化方法的灵活使用，巩固所学内容，提升有效识字的能力。

集体书空。

观察田字格中“可”的占位，引导学生说说书写时的关键笔画(引导学生说话说完整)。

教师范写，学生随着书空。

学生独自完成书写，描完一个，写一个(提醒学生书写坐姿要正确)。

展评学生的字，学生修改自己的字。

【设计意图】书写汉字是识字教学中的重要环节。在动笔书写前，教师要指导学生仔细观察汉字的占格位置、关键笔画，这也是学生自主完成书写的重要方面。书写后的评价、修改环节也同样关键，不容忽视。

(四)总结内容，回忆江南

师：今天我们一起走进了江南水乡，感受到了水乡的美丽景色，下节课让我们继续学习课文。

六、板书设计

江南

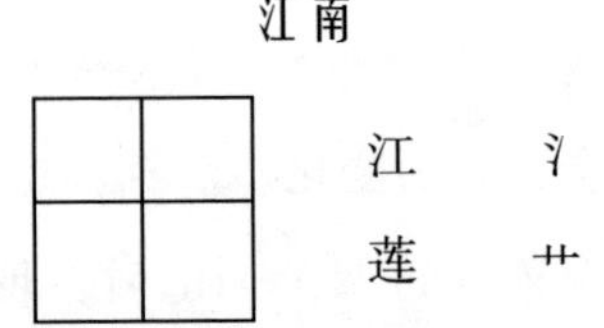

七、教学效果评价设计

第一，学生能借助拼音的帮助能够准确朗读课文，厘清文章脉络。

第二，学生能积极参与课堂活动，课堂气氛轻松愉快。学生的学习兴趣浓厚，学生合作时积极主动，交流时大胆表现。

第三，学生能够通过观察汉字占格，在田字格中准确书写汉字，书写效果好。

白纯舵的点评：整节课始终渗透着“自然教育”的理念，整个教学过程，凸显第一课时识字教学特点，随文识字中，读文、识字、理解字义，将抽象的汉字与生动的画面相结合，图画给汉字赋予生命，让汉字更有实际意义，这样的识字教学轻松、有趣。课上教师设计的每个内容都是在调动一年级学生的多种感官参与学习，学生们快乐投入，学有所获。教师还能有效开发教材内容，从各种途径搜集资料变成学生学习的资源。这样不仅丰富了学习内容，拓宽了学习空间，还有效提升了学生的实际获得。

（教学设计者：姚书春）

敢于放手，促进思考

——《陀螺》教学设计与点评

一、指导思想与理论依据

中年级学生要在读文章时能有所感悟和思考，提出问题，能用批注的方法进行阅读。学生要养成不动笔墨不读书的习惯，学习用批注的方法加深、丰富对文章的理解。学生要初步感受人物形象，能通过人物的动作、语言、神态体会人物的心情。教师在教学中要体现本单元的重点目标，落实单元语文要素。教师给学生充足的时间去理解文章，批注感受。要让学生感受到一边阅读一边批注是为了帮助理解课文，而不只是为了学习批注这种方法。

二、教学背景分析

(一)教材内容分析

小学语文国家统编教材四年级上册第6单元的语文要素是“学习用批注的方法阅读”和“体会人物的心情”。在这套教材的编排中，四年级学生是第一次接触批注，因此这一语文要素学习起来对学生有些难度，但《陀螺》是这一单元的最后一课，通过前两课的学习，学生已经知道了什么是批注，知道了批注的位置、批注的种类、批注的角度等，而且学生也已经学习通过对人物的动作、语言、神态等去体会人物的心情。这就给老师的放手提供了机会，能让学生在批注的过程中理解课文。

(二)学生情况分析

本班大部分学生学习语文的积极性高，能够正确、流利、有感情地朗读课文，上课伊始，教师可通过默读回忆的方法让学生整体感知和回忆课文内容，通过问题的提出让学生批注出作者的心情。部分学生对于描写心情的词语和其他的词语容易混淆，教师需要在教学过程中加以点拨，并运用多媒体课件激发学生兴趣，有助于拓展学生知识面，品味语言和掌握知识技能。另外，四年级的学生有一定的自学能力，能够合作学习，乐于表达自己的见解，敢于提出自己的看法，但这些学习活动的进行还需要教师及时、正确地引导与点拨。

三、教学目标

第一，默读课文，能在体会比较深的地方做批注，围绕着这些批注说清自己的理解。

第二，能结合课文，尾批对“人不可貌相，海水不可斗量”这句话的理解。

第三，在生动的描写中，体会“我”的心情变化的过程。

四、教学重难点

教学重点：默读课文，能在体会比较深的地方做批注。

教学难点：在生动的描写中，体会“我”的心情变化的过程。

五、教学过程

（一）回顾旧知，复习批注

师：同学们，这是什么？它叫什么？听名字就知道这是在哪儿玩的？

生：冰上。

师：你们看（播放视频），陀螺就是这样在冰上玩的，它在冰上翩翩起舞，给童年的高洪波留下了深刻的印象，于是他写了《陀螺》这篇文章。围绕这个小小的陀螺，作者写了哪几个方面内容？你们说一说。（说、做、得、赛、悟）

师：这是我们上节课进行的旁批。这节课我们要继续学习批注（板书：批注），我们要学习从哪个角度进行批注呢？要在体会比较深的地方来进行批注（板书：体会深）。

【设计意图】激发学生学习兴趣，复习上节课内容，让学生回忆课文内容，整体感知课文内容。

（二）汇报预批，了解学情

师：上节课我已经留了“用横线画出你体会深的句子”这项作业，现在请你们默读课文，斟酌一下画的句子，选一处体会深的地方读出来（教师要及时总结和点评）。

师：每一位同学体会深的地方不同，通过同学们的回答，我做了归类，大概是三个方面的内容，有些是关于心理活动的，也就是描写人物心情的，有些是关于句子含义的，有些是关于描写打陀螺过程的（板书：心情，描写、含义）。

【设计意图】了解学情，引出本节课重点批注的内容。

(三)细读课文，自主批注

1. 在心情变化处批注

师：(出示课件)正好，我们这一单元有一个重要目标也是和心情有关，那我们就先来在心情变化处做批注。课后习题是我们学习的重要资源，本课有这样一道课后题(指一名学生读)，我已经把课后习题中描写心情的5个句子找出来了。现在请你们听好要求，首先，找到这些句子用曲线画出来；其次，用词语批注出作者的心情，体会一下作者心情的变化过程；最后，想想为什么有这些心理变化的感受。

生：(汇报，读句子)我的批注是……我这样批注的理由是……

【设计意图】培养学生通过批注的方法理解课文，体会作者的心情变化。

生1："然而一个孩子无论如何是削不出高质量的陀螺的，因此，曾有很长一段时间我的世界堆满乌云，快乐像过冬的燕子一般，飞到一个谁也看不到的地方去了。"作者用比喻的手法写出了"我"得不到陀螺的难过心情，表达了"我"对陀螺的酷爱之情。(教师板书：懊恼)

生2："这消息曾使我一整天处于恍惚的状态，老想象着那只陀螺英武的风姿。"这里表达了作者的激动心情。(教师板书：激动)

生3："尤其当我看到这枚'鸭蛋'的下端已嵌上一粒大滚珠时，更是手舞足蹈，恨不得马上就在马路上一显身手!"这句话通过"手舞足蹈"这个动作，写出了作者得到陀螺时无比兴奋的心情。(教师板书：兴奋)

生4："这使我士气大减，只是在一旁抽打，不敢向任何人挑战。"写出了"我"的陀螺被瞧不起，使"我"的心里很自卑。(教师板书：自卑)

生5："这真是个辉煌的时刻！我尝到了胜利的滋味，品到了幸运的甜头。""尝到滋味""品到甜头"写出了作者获得胜利后喜悦的心情。

师：（追问）为什么说“品到了幸运的甜头”？

【设计意图】通过学生的发言，检查学生对课文的理解，培养学生的语言表达能力。

师：其实高洪波的这份幸运是来之不易的。谁来读一读描写打陀螺场面的句子，你能体会出什么？（板书：激烈、顽强）可见高洪波的陀螺在比赛过程中不占优势，可这么艰难的一场比赛，看似没有任何悬念的一场比赛，结果却是出人意料的，高洪波的小陀螺来了一个大逆转，赢得了一直立于不败之地的大陀螺，如此意外的胜利能不让作者喜悦万分嘛？（板书：喜悦）

【设计意图】使学生能够联系上下文体会作者心情的变化。

师：（小结）作者就是这样，通过生动的文字描写，栩栩如生地展现出了他的心情变化，那就让我们通过朗读来读出人物的心情。这里是“激动”，谁来读？

【设计意图】通过对比读，朗读出体会和变化。

2. 关于内涵描写

师：同学们，能如此牵动作者的心的只是一个小小的陀螺。为什么一个不伦不类、没有丝毫战斗力的陀螺，能使高洪波过了若干年后还记忆犹新呢？

【设计意图】锻炼学生对课文的理解能力和总结概括能力。

师：是啊，就像高洪波所说的（出示课件）——我的冰尜儿，木工随便旋出的小木头块，丑小鸭生出的一只丑鸭蛋，在童年的一个冬日里，给了我极大的欢乐和由衷的自豪。（学生齐读）

师：（总结）就是这个丑鸭蛋，就是这个小木头块，虽然看起来其貌不扬，却给高洪波的童年生活带来了无限的快乐，让他获得了意外惊喜，体会到胜利的喜悦，甚至感受到了无比的自豪。

【设计意图】为学生理解课文的最后一句话做铺垫。

师：这真是应了一句古话——人不可貌相，海水不可斗量。同学们，你是怎么理解这句话的？请你把它批注在结尾。（学生读自己

的批注内容，教师指导补充）

师：（出示自己的尾批并总结）我之所以修改是因为交流平台上的这句话(课件出示交流平台上的内容)，所以我们的批注不是一成不变的，而是会根据自己的理解常改常新。（可有机动环节，让学生自己修改尾批）

【设计意图】让学生明白批注可以常改常新。

(四)总结收获

教师板书“人不可貌相”。

【设计意图】总结本节课知识点，使学生再次整体感知，复习所得。

(五)作业

学生继续修改对“人不可貌相，海水不可斗量”的批注。

学生回忆自己的生活经历，试着写写童年的一种玩具。写清玩具的样子、玩的过程以及带来的启发、玩的时候的心情变化等。

六、板书设计

陀螺

批注——

心情：懊恼→激动→兴奋→自卑→喜悦

体会深 —— 描写：激烈
体会深 —— 内涵：人不可貌相

七、教学效果评价设计

课后测试题 1：写出四个描写心情的四字词语。

课后测试题 2：通过动作、神态等描写表现开心、着急、生气、自豪和伤心的心情。

【设计意图】了解学生的知识掌握情况，重点考查学生对于描写心情词语的积累情况以及查看学生是否掌握了通过对动作、神态等的描写来表现心情的方法。

白纯舵的点评：教学通过批注的方法进行阅读时，教师要在课堂中给足学生默读、批注的时间，让学生能够感知到这种方法对于阅读的价值，从而在一定程度上加快掌握这种方法的进度。本节课有两个亮点，一是教师敢于给予学生时间，教师没有一味地给予学生教师自己认为重要的知识，而是让学生真的有时间，有空间去发现知识，去感知阅读方法。二是教师让学生真正地理解了作者的心情，提升了文字感知力，教师没有直接告诉学生“对”的答案，而是让学生自己去体会对某一句话的理解。不同学生对情感的体会是不一样的，有的同学理解为自豪，有的同学理解为高兴，只要有道理，不偏离主线，教师就应该肯定学生的答案，教师不应把答案固定在一个词上，而应把答案圈定在一类词上。

（教学设计作者：田静。本课获北京市大兴区“人人上好课”系列活动之大兴市第五小学教育教学节一等奖）

层层深入，提升思维

——《螳螂捕蝉》教学设计与点评

一、指导思想与理论依据

《标准(2011 年版)》中明确指出，语文教学“应致力于学生语文素养的形成”，而学生的“语文素养”应聚焦“理解、运用、思维与审美”来落实。本节课立足语境，让学生在阅读、表达等言语活动中主动思考、形成认识并对人物形象做出初步的评判，从而实现学生语言和思维的发展。

二、教学背景分析

(一)教材内容分析

《螳螂捕蝉》是北师大版小学语文教材六年级上册中的一篇文言文，出自刘向的《说苑》。课文中的少孺子在“敢有谏者死”的情况下，向吴王讲述螳螂捕蝉的故事，劝谏他放弃攻打楚国的意图。同时也告诫人们在考虑问题、处理事情时，不要只顾眼前利益，要通盘谋划。故事结构清晰，人物的对话蕴含了深刻的道理，需要教师在课堂上引导学生深入拼读。

(二)学生情况分析

文言文的学习对于六年级的学生来说并不陌生，他们也已经掌握了一定的学习文言文的方法。但是，在本文的学习过程中，学生对人物形象的评价和道理的理解容易浮于浅显的认识层面，需要教师进一步引导。

三、教学目标

第一，朗读、背诵课文，默写少孺子说的话。体会文言文的简洁、明了之美，培养学生热爱祖国传统文化的情感。

第二，结合语言文字想象当时的场景，体会吴王、少孺子的性格特点。

第三，明晰寓言的道理，联系生活实际，交流自己得到的启发。

四、教学重难点

教学重点：朗读课文，背诵课文，默写少孺子说的话。

教学难点：体会吴王、少孺子的性格特点。明晰寓言的道理。

五、教学过程

(一)自读课文，回忆内容

师：同学们，这节课我们继续学习《螳螂捕蝉》。(学生齐读课文题目)请你自由读课文，回忆一下，这篇课文写了一件什么事?(学生自由读课文，教师指学生回答)

(二)读出理解，明白道理

1. 少孺子勇谏

教师指名读“敢有谏者死”，引导学生体会吴王说话的语气。

师：在这样的情况下，想要劝谏，少孺子要怎样向吴王表达?

学生指出，少孺子应有勇气，有胆量，有不怕死的决心。

师：这时，少孺子的话应该怎样表现出来?自己读一读。

学生自由读，教师指名两人读。

2. 少孺子诚谏

“怀丸操弹，游于后园，露沾其衣，如是者三旦。”

师：“连续三个早晨”，他这是在干什么呢?

教师指名说。

师：吴王确实注意到他了。问道：“子来，何苦沾衣如此?”

学生说吴王的想法，教师指名读。

师：面对吴王的质疑，少孺子要说服吴王，又要怎样说?

教师指名说，学生自由读，教师指名读。

3. 少孺子巧谏

师：你们想不想看看少孺子描绘的场面?想一想，少孺子“如是者三旦”，他真的在这儿看到了这样的场景吗?

学生观看视频，教师指名说。

师：没有的话，少孺子为什么要编这样一个故事呢?

教师指名说。

教师请一位同学把刚才这几个点完整地表达出来。先表明自己的观点，再说说理由。

学生自己练练，教师指名说。

教师板书：少孺子。

师：现在我们再来想一想，少孺子“如是者三旦”，到底在干什么呢？

教师指名说，指名读。

师：少孺子在这儿转了三天，这件事情他想得明白，也想好了怎么说，请问可以用什么成语形容？(胸有成竹、一气呵成、滔滔不绝)

学生自由读。

情景对话：教师提问，学生读课文。

师：现在，你是吴王，你要带着不解、威胁来问我。

教师范读，学生自由读，教师指名读。

4. 体会情景，明白道理

师：听了这个故事，吴王又是怎么说的？(“善哉”)

教师指名说吴王的心情，学生自由读全文。

师：由最初的“敢有谏者死”到“善哉”，想一想吴王是一个怎样的人？

教师指名说。

吴王知错就改——考虑了国家利益。

师：在少孺子的这个故事中，到底是哪句话让吴王知道自己错了，明白其中的道理呢？(“此三者皆务欲得其前利，而不顾其后之有患也”)

师：上节课，我们仅是在故事当中理解这句话。当时吴王听的是这个故事，脑海中出现的是当时的国家形势，他想的是什么呢？(教师指名说)

(三)积累背诵，默写段落

师：在整篇文章中，你觉得哪部分最精彩？想不想把它像少孺子那样说下来？

师：你有什么好的方法把它背下来？

教师指名说(按次序、动作)。

师：想象着动作，不看书，自己试着说一说。

师：现在我们动笔把课文写下来。

学生独立书写，同桌互换、检查，有错的地方进行修改。

(四)回顾出处，拓展积累

师：同学们通过第一节课的学习，已经知道了这篇课文选自《说苑》。其实“螳螂捕蝉”还有后半句，就是——黄雀在后。你知道这个成语形容的是生活中的哪类事吗？请你举个例子说一说。(教师指名说)

师：像这样的成语在《说苑》里面还有很多。我们曾经学过的《鹬蚌相争》也是其中的一篇，这也是一则八字成语——鹬蚌相争，渔翁得利的由来之处。除此之外，还有“齿亡舌存”“福无双至”等，有兴趣的同学可以课后再读一读，了解一下。

六、板书设计

螳螂捕蝉

吴　王	死！　善哉	知错就改
少孺子	巧谏(委婉)	勇敢、机智、爱国

务欲得其前利，不顾其后之患

七、教学效果评价设计

问题1：背诵积累。

螳螂捕蝉

吴王欲伐荆，告其左右曰：“敢有谏者死！”舍人有少孺子者欲谏不敢，则怀丸操弹，游于后园，露沾其衣，如是者三旦。吴王曰：“子来，何苦沾衣如此！”对曰：“园中有树，其上有蝉，蝉(　　　　)，(　　　　)，不知螳螂(　　　　)；螳螂(　　　　)，(　　　　)，而不知黄雀在(　　　　)；黄雀(　　　　)，(　　　　)螳螂，而不知弹丸(　　　　)。(　　　　)，(　　　　)。”吴王曰：“善哉!”乃罢其兵。

问题 2：明确人物形象。

我认为，少孺子是一个__________的人，吴王是一个__________的人。

问题 3：了解寓意。

“螳螂捕蝉”说的是生活中的哪类事，请举例说明。

____

____

____

问题 4：评价打分。

自我评价：☆☆☆

同伴评价：☆☆☆

老师评价：☆☆☆

家长评价：☆☆☆

白纯舵的点评：语文教学要注重学生核心素养的培养，关注以阅读为重点的语文兴趣与习惯，以思维为核心的语文理解与运用，以文化为价值的语文审美与积淀。王娜老师这节课的教学过程，由对话的场景到背景的呈现，都让学生在读与感受中走进文本，注重了学生学习的兴趣激发；由朗读走进人物内心，感受人物性格，明白故事道理，实现了由文本的语言到理解的转化；由学生浅层次的对“曲谏”“巧谏”的认识，思考“为什么编造这样一个故事?”“曲在哪?巧在哪儿?”实现学生层层递进地深层次的理解，加深对人物形象的感知。这堂课，我看到了学生在认识上和思维能力上的提升。

(教学设计者：王娜)

前后照应，突出“神”

——《军神》教学设计与点评

一、指导思想与理论依据

《标准(2011年版)》指出，阅读是学生的个性化行为。阅读教学应引导学生钻研文本，在主动积极的思维和情感活动中，加深理解和体验，有所感悟和思考，受到情感熏陶，获得思想启迪，享受审美乐趣。要珍视学生独特的感受和理解。小学高年级学生的阅读教学要让学生在阅读中了解文章的表达顺序，体会作者的思想感情，初步领悟文章的基本表达方法。

依据以上要求，我把“引导学生钻研文本，加深理解和体验”“重视朗读和默读”“随文学习必要的语文知识”“在实践中学习和运用语文”“扩大阅读面”作为本节课的重点指导思想和理论依据。

二、教学背景分析

(一)教材内容分析

《军神》是小学语文国家统编教材五年级下册的一篇课文。本文记叙了刘伯承在重庆治疗受伤的眼睛时，拒绝用麻药的事情，表现了刘伯承钢铁般的意志，表达了作者对刘伯承的敬佩和赞扬的感情。文章按照事情发展的顺序记叙，虽篇幅较长，但结构清晰，以“手术前—手术时—手术后”为序组织材料，以人物对话为主线，推动故事向前发展，并通过对人物语言和沃克医生神态、情绪变化的描写来表现刘伯承钢铁般的意志。

本课的写作特点：一是通过人物对话、神态的描写，表现人物的品质；二是通过侧面描写，表现人物品质。

(二)学生情况分析

学生升入五年级后，在语文学习方面有一定的基础，表现在：学习方法上，能够结合重点词句谈感受，大部分学生有一定的收集和处理信息的能力；学习内容上，学生已接触过几篇有关革命传统的文章，可以说对此类题材并不陌生，但是本选文与以往同类文章的不同之处在于描写方法，本文运用侧面描写突出主要人物形象，这是学生学习时的重点，也是学生可以迁移学习的地方。这就需要教师在教学中要为学生创设有价值的问题和运用学习方法的机会，学以致用，再结合分角色朗读课文等方式来突破重难点。

三、教学目标

第一，找出描写沃克医生神态、情感变化的语句，体会这样写的好处。

第二，分角色朗读部分内容。

第三，理解“你是一个真正的男子汉，一块会说话的钢板！你堪称军神！”的深刻含义。

第四，拓展阅读《天神》，进一步感悟侧面描写。

四、教学重难点

教学重点：找出描写沃克医生神态、情感变化的语句，体会这样写的好处。

教学难点：理解“你是一个真正的男子汉，一块会说话的钢板！你堪称军神！”的深刻含义。

五、教学过程

(一)感知内容，说“军神”

师：同学们，今天我们来学习一篇跟“神”有关的文章——《军神》。

师：(说文解字——“神”)古时候，人们认为打雷闪电是至高无上的天神在发怒。“神”这个字就表示祭拜发出闪电的天公，神有着常人不具备的能力。理解了“神”，我们先来学习《军神》。

【设计意图】教师通过说文解字，使学生明白“神”字的最初含义，为后面理解“军神”的含义做铺垫。

师：请同学们打开书，快速浏览课文，回忆《军神》这篇课文讲了一件什么事。

师：课文的题目是《军神》，我们知道题目是文章的眼睛，一般情况文中都会有点明题目的语句，谁找到了那一句，给大家读读。

【设计意图】直奔课文中心句，锻炼学生提取信息的能力。

(二)体会语句，解“军神”

1. 抓正面描写，感悟军神形象

师：沃克医生对刘伯承的评价可以从文中的描写中找到，请同学们根据自学提示自学。(自学提示：默读课文，用横线画出描写刘伯承语言、动作、神态的语句，说说他为什么是“男子汉”“会说话的钢板”“军神”)

【设计意图】直奔正面人物的语言、动作、神态描写的语句，培养学生提取信息的能力，感悟正面描写的作用。

集体交流，预设情况如下。(学生汇报交流的时候教师适当进行阅读指导)

(1)病人微微一笑，针锋相对地回答：“沃克医生，军人处事靠自己的判断，而不是靠老太婆似的喋喋不休！”

(2)病人平静地回答：“沃克医生，眼睛离脑子太近，我担心施行麻醉会影响脑神经。而我，今后需要一个非常清醒的大脑！”

(3)病人一声不吭，他的双手紧紧抓住身下的白垫单，手臂上青筋暴起，汗如雨下。他越来越使劲，崭新的白垫单居然被抓破了。

(4)病人脸色苍白，勉强一笑说：“我一直在数你的刀数。”

(5)“72 刀。”

师：(总结)作者就是这样抓住人物的语言、神态、动作的描写，向我们展现刘伯承的真正的男子汉、会说话的钢板以及堪称军神的形象。

再读中心句，加深理解(教师适当指导)。

2. 学侧面描写，衬托“军神”形象

师：请同学们再次默读课文，用曲线画出描写沃克医生神态、语言、情感变化的语句，感受沃克医生当时的态度。

学生间交流，画出以下几段。

(1)沃克医生余怒未息，他熟练地解开病人右眼上的绷带，蓝色的眼睛里闪出惊疑的神情。他重新审视着眼前这个病人，冷冷地问：“你是干什么的?”

(2)沃克医生再一次怔住了，竟有点口吃地说：“你，你能忍受吗？……”

(3)手术台上，一向从容镇定的沃克医生，这次双手却有些颤抖，他额上渗出汗珠，护士帮他擦了一次又一次。最后，他终于开口对病人说：“你如忍受不住可以哼叫。”

(4)沃克医生惊呆了，大声嚷道：“你是一个真正的男子汉，一块会说话的钢板！你堪称军神!”

(5)沃克医生肃然起敬：“啊！川东支队的将领，久仰久仰，认识你很荣幸。”

教师介绍侧面描写。

师：通过前面的学习，我们知道课文的主要人物是刘伯承，但却用了这样大量的笔墨描写沃克医生的神态和情绪的变化，这样写是不是跑题了？这样写有什么好处？

【设计意图】在理解语句的基础上介绍描写方法，有理有据，让学生可以较快理解。

教师带领学生回读中心句。(指导学生读出三个层次)

学生分角色朗读部分内容。

(三)自拟题目，定“军神”

师生交流课前所拟的题目，并讨论自拟的标题跟“军神”相比较，哪个题目更好。

【设计意图】自主命题，学生明白了命题的方法，通过比较，学生更加深刻地理解了“军神”的含义。

(四)拓展迁移，读《天神》

1. **教师总结描写方法**

师：其实很多写英雄人物的文章都是像这样写一件具体的事例，通过对人物语言、动作、神态等正面描写和侧面衬托来突出主要人物的具体形象。

2. **拓展研读《天神》**

【设计意图】学习侧面描写是本课的新知识点也是教学重点，此环节为学生搭建了学以致用的平台，让他们在实践中学习和运用语文。

(1)学生自己默读文章。

(2)小组完成学习单后交流。

(3)教师进行总结。

师：《天神》不仅在题目、内容和《军神》有相似之处，写作手法上也有异曲同工之妙。

师：看来侧面描写对于表现主要人物形象有重要的衬托作用，以后我们的习作也可以尝试运用这种写作手法，提升表达效果。

(五)总结所学，荐读物

【设计意图】扩大学生阅读面，增加学生阅读量，提高学生阅读品味。

师：同学们，通过的今天的学习，我们不仅了解了侧面描写，更通过这种写作手法感受到了刘伯承钢铁般的意志，他是当之无愧的军神。刘伯承不仅有“军神”的尊称，还有很多其他尊称。如果大家想更深入地了解这位共和国的元帅，建议大家课后读一读这本书——《刘伯承传》。

六、板书设计

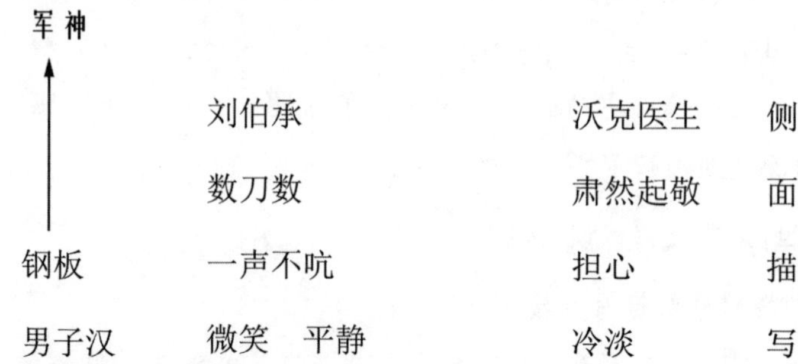

七、教学效果评价设计

讨论自拟的题目，并跟“军神”比较哪个更好。

拓展研读《天神》。

【设计意图】了解学生知识的掌握情况，深刻理解“军神”的含义；重点考查学生对于侧面描写的理解、运用能力。

白纯舵的点评：一要做到教学环节清晰。“你是一个真正的男子汉，一块会说话的钢板！你堪称军神！”这句话是贯穿教学始终的一条线，学生从最开始找到这句话然后在文中找答案到最后深入理解，充分落实了教学难点。二要做到教学训练扎实。

整节课学生都按要求画句子谈感受，不仅锻炼了学生提取信息的能力，还让他们在此基础上充分了解了正面描写和侧面描写。迁移学习环节更是让孩子们学以致用，加深理解。花时少，效果佳，教学富有实效。三要做到教学前后照应。上课伊始，再从“神”的说文解字入手，引起学生兴趣并让他们初步明白神有着常人所不具备的能力。通过学习，学生逐渐明白刘伯承的表现异于常人，因而被称为军神。课上有的学生在拟题环节谈想法时就谈到神有着常人所不具备的能力，可见开始的说文解字效果明显。

（教学设计作者：郭红霞。本课获大兴区小学 2018 年骨干教师“卓越杯”课堂教学基本功展示活动一等奖）

第六章　自然的语文之教学反思

回归教学本真，教与学的朴素境界

——对《刻舟求剑》教学的思考

我认为，当前语文教学的主要问题是“课堂沉闷”，教师“没有真正关注学生”。

一、问题反思

在执教《刻舟求剑》这一课时，我想得最多的两个问题是：我们的教学怎么展开？我们的课堂应是谁的课堂？苏格拉底提倡课堂教学从与学生的对话交流开始，根据学生的谈话，教师确定如何执教，这才是真正的主体与主导的统一。课堂应是学生的课堂，而非教师的，这么朴素的道理我竟是在反反复复的试教中，在不断地否定自己的痛苦中才明白的。

二、过程反思

在否定自己中经历痛苦——教学到底是什么？

在试教《刻舟求剑》(北京版小学语文教材第 8 册)时，我最初是这样设计导入环节的。

首先举例成语“狐假虎威”，让学生联想学过的一些成语，如鹬蚌相争、守株待兔等(教师实际是希望学生说出带有寓言故事的成语)；然后让学生顺着“竿”爬，得出这一类成语的特点是通过一件小事阐述一个道理(这时已从“成语”转入“寓言”)；再让学生注意这个寓言故事是用古文写的，追问古文的特点是什么？点出寓言语言简练，说理透彻，展现了中国文化的魅力。此时才进入本篇古文的学习。其次，教师带学生看注释理解古文大意，读、背古文。虽然我在课堂上“挥洒自如”，但试教效果并不好，一是学生并没有出现我预想中的兴趣盎然，二是我没有与学生出现配合，感觉“别扭”透了。

(一)初步反思

在这样的教学设计中我丢失的是什么呢？冥思苦想后我突然醒悟，这样的教学设计令我漠视了学生的存在。学生在教学刚开始就没有了兴趣。

叶圣陶先生认为，教师的责任不是将文章装进学生脑子里，教师只要在学生预习之后，给他们纠正、补充、阐发就可以了。“讲”当然是必要的。问题可能在如何看待“讲”和怎么“讲”。说到如何看待“讲”，我有个朦胧的想法。教师教任何功课(不限于语文)，“讲”都是为了达到用不着“讲”，换个说法，“教”都是为了达到用不着“教”。什么叫用不着“讲”，用不着“教”？学生入了门了，上了路了，他们能在繁复的事事物物之间自己探索，独立实践，解决问题了，岂不是就用不着给“讲”给“教”了？这是多么好的境界啊！语文教材无非是例子，凭这个例子要使学生能够举一反三，练成阅读和作文的熟练技能；因此，教师就要朝着促使学生“反三”这个目标精要地“讲”，务必启发学生的能动性，引导他们尽可能地自己去探索。

一语点醒梦中人。我认真研究了学生的学习状态：学生在学这篇古文之前已接触过古文，已初步掌握了一定的学习古文的方法；“刻舟求剑”这个故事每班大约有 1/3 的孩子已读过白话故事或看过动画片；而且“寓言”这种文学体裁学生也接触过……在进行了认真的研究之后，我调整了自己的教学设计。

(二)反思改进

经过反思后，我对教学设计进行了这样的修改：从小我们从爷爷奶奶那里知道了很多故事，现在我们自己看书也能知道好多故事，今天我们要一起学习两则寓言故事的第一个故事《刻舟求剑》。现在让我们一起书写课题，你们发现没有，“刻”“剑”都是立刀旁。请你写好“立刀”这个偏旁。然后处理生字：我们看课文中的生字“契”，它的组成里面就有“刀”这个字，而且就是“刻”的意思。“契”在古时就专指在木头上刻记号用来记事，在《刻舟求剑》这个故事里，这个人在木船上刻记号是记什么事啊？由“记事”这个意思演变后，现在一般指文字记录的合同，比如“房契”“地契”。看来，“契”的古今意思发生变化了。接下去是“涉”“亦”“遽”等字的教学……

我再反思：这样的改进看似贴近了学生，但在试教时我感觉仍不理想，表现出来仍是学生不主动、课堂气氛沉闷的现象。学生学习没有主动性，学生在教学活动中没有积极主动地参与，教育就可能变为“驯兽式”的学习活动。

我们教师的首要任务是激发学生对文本的阅读兴趣，培养学生的阅读积极性。教学的核心是启迪学生的思维，从而使学生进行主动性、创造性地学习，使学生积极地参与到学习过程中，对所学东西感兴趣，并觉得富有挑战性，感觉到他们正在做有意义的事情，使学习过程有情感投入。有内在动力的支持，能从学习中获得积极的情感体验，能有效地促进学生的发展，才是真正有效的学习。

我需要再改进的“点”应是引导学生积极主动地参与教学，让学生真正拥有自主学习的空间。

(三)再反思，再改进

在经过数次反思之后，我彻底推翻了前几次的教学设计，以学生已有的知识展开教学。

1. **过程简述**

(1)师：你们谁读过《刻舟求剑》这个故事？给大家讲一讲。(充

分利用学生现有资源，实际就是学生已知的古文大致意思，把教学环节“前置”了。我觉得这是教学设计改进后最大的亮点）

(2)师：聆听几个同学的讲述后，你们发现不同点了吗？（引发学生关注，实际是对一些关键字词意思的关注）

(3)师：想不想看看古人是怎么讲这个故事的？（激起学生兴趣，自然引到古文教学）

(4)师：理解了大致意思后，你们看看哪些生字的意思现在还在用？（既转到生字教学，又引导学生关注古文与现代文的渊源。其中“涉”字是重点，教学时从字理上体会生字的妙处，像“远涉重洋”“跋山涉水”中的“涉”字与古义相同）

(5)师：意思弄明白了，生字也认识了，看看能不能读好古文？

(6)学生读后，教师范读，看看教师的读与学生的读有什么不同。（引导学生发现正确断句）

(7)教师用教具，让学生到台前演示这个故事，解决难点。（学生亲身体验，拉近古今的距离）

(8)教师引导学生用不同的角色朗读这个小故事（老人、孩子、2000多年后的我们）。（增强读的趣味性）

(9)最后，用动画配音的方式，引导学生完成古文背诵。（水到渠成）

2. **我的反思**

教学过后，我想，就语文课程来说，有效地开发和利用课程资源很重要，这其中我们绝不可忽视学生这个丰富的课程资源。我们应该提供一些有效的平台，将这些资源运用到语文课程中来。每个学生的生活环境不一样，阅历不同，了解、认识的世界也是不一样的，如果我们教师关注到这一点，多想一些办法，在课堂上为他们搭建起校内外沟通的桥梁，也许就是一种宝贵的课程资源，课程资源的空间就扩大了许多，教师也不必为如何解决难点而绞尽脑汁了。

三、在否定中感受幸福——教学要回归本真

在《刻舟求剑》教学设计的反复修改中，我把学生已有的知识经

验、生活经验与课堂教学融合，利用一些手段把学生已有的生活经验引进阅读教学中来，让学生与文本产生共鸣，并利用已有经验来解读文本中的问题，使自身经验和文本价值相交融。

学生是教学的主体，是学习的主人。在新课程的实施中，作为教师的我们应该反思这样的问题：我们在关注我们的学科，关注我们的教学的同时，有没有关注我们的学生？关注他们的生命价值？关注他们的“儿童文化”？或许我们已经关注了，但关注得还不够。要知道我们面对的不是纯粹意义上的学习者，而是一个个有思想、有情趣、有喜怨哀乐的完整的人。因此，我们的教学应进入学生的世界，让他们的身心都参与其中，让课堂在看重工具性的同时，运用开放的课堂教学方法，使课堂充满活力。

一切语文教学与设计的根本出发点与归宿都是为了促进学生的长远发展。我们的语文教学与设计不仅着眼于“文”，更要着眼于“人”，要通过“文”这一载体而实现“人”的发展。所以我们语文教师的备课设计就必须由“文本”转向“人本”。具体说来要实现教学与设计的“创意化”与“实践化”(活动化)，实现学生“展卷而自能通解，执笔而自能合度”的目的。

语文教学应激发学生的学习兴趣，注重培养学生自主学习的意识和习惯，为学生创设良好的自主学习环境，尊重学生的个体差异，调动学生的学习积极性，让学生参与语文课的准备。苏霍姆林斯基认为，让学生通过自己的努力去理解的东西，才是其真正掌握的东西。教育心理学告诉我们，只有当学生处于积极的求知状态，以高昂的情绪主动参与，主动求知，才能达到教学预期目的。所以在语文课教学当中，每学一篇课文之前，应让学生以积极的心态参与学习的准备，这样学生就会变被动学习为主动学习，乐学爱学，而且在准备过程中受到教育。

语文课就是教师引导学生学习语文的课，是学生学习理解和运用祖国语言文字的课，是学生听、说、读、写的综合实践课，是引导学生提高语文综合素养的课，说到底就是学生学习说语文，讲语文，读语文，写语文，用语文的课。回归教学本真，教与学的朴素境界其实是关注“学生学”的教学的最高境界。

(此文收录于《首都市级学科带头人及骨干教师研修丛书——小学语文卷》，此处有删改)

我以我心读文章

——对《义犬复仇》教学的思考

“正确、流利、有感情”一直是我们评价学生朗读的“金科玉律”，但怎么读叫“有感情”？语文教学虽然也都在强调“以读为本”，但学生多是被动、消极地阅读，就像“小和尚念经，有口无心”。我想这是我“不吐不快”的原因之一。

过分强调“自主学习”，忽视教师“导”与“范”——从一个“极端”走向另一个“极端”，既为人师，终究是要给学生“一些什么的”，因为我们的教育对象毕竟是待启蒙的儿童。我想这是我“不吐不快”的原因之二。

所以，我在教学时没有任何“框框”地按我的想法“客串”了一回。

一、用“心”范读，感动自己，感染学生

《义犬复仇》(以下简称“《犬》”)一课，讲述了“人”与“犬”之间所发生的一段令人荡气回肠的故事：苏联卫国战争时，军犬引导员斯达罗执行任务遭遇了德国鬼子，不幸中弹牺牲，军犬“文尔内”也身受重伤——耳聋。它被文中的“我”(斯达罗的战友)收养和照料。事隔八年，“文尔内”竟仅凭着嗅觉“找”到并咬死了“仇人”，自己也悲壮地死去。

所以，当有学生读到“狗的不寻常的行为用什么来解释？文尔内

(义犬)竟能从柏油路面上的足迹嗅出了敌人的气味！这个人的气味在它的头脑中保存了八年之久！八年来它一直对敌人怀着刻骨的仇恨，并且等到了复仇的一天！”这一段时，大家“评读”后不太满意，我及时引导学生展开讨论：怎样读更好？他们认为：这段中的一个“?”和三个“!”表达的感情很浓烈，应该读出来；另外“八年之久”非常有“震撼力”，也应该读出来，顺势，我请学生们在小组中朗读，觉得满意了再向全班诵读。

整个课堂书声琅琅，孩子们的心沉浸在文章中，当我觉得学生还没有真正读出这段话的感情时，我说：“你们读得不错，正确、流利，我也来试试，行吗?”学生同意，于是，我饱含深情地用“心”读了起来，当我读完后，教室里沉寂了……良久，竟然爆发了掌声！谁说我们的学生“有口无心”？只是让我们这些大人们“漠视”了！我当时是眼泪一边在眼眶里打转，一边向学生们深深地鞠了一躬，说了声“谢谢!”

后来我又范读：“我把文尔内的尸体运回祖国，葬在斯达罗的身边，让它永远守护着主人。”因为文章的“凄美”让我的声音哽咽了，我竟有些读不下去的感觉，当我想向学生们说：“对不起，老师太激动了。”话还未出口，学生们却唏嘘不已……我的心也被学生们震动了！

我的情感与学生的情感在课堂上淋漓尽致地交流，我深切地感受到那无形中的流动……

课后，有人说“你有朗读的天分”，天知道，我背后读了至少二十遍！以至于拿起书来，就好像身临其境，看见了那悲壮的一幕……每读一遍，眼泪都会禁不住夺眶而出！只有感动自己，才能感动学生，因为“心”与“心”是不分大小的。正如苏霍姆林斯基说：“情感培养渗透在孩子们的所作所为、所见所闻之中。”

二、用“心”读书，以读入境

朱作仁指出，讲解是死的，如同进行解剖；朗读是活的，如同给伤口以生命；讲解只能使人知道，而朗读更能使人感受。

通过朗读，把学生的注意力吸引过来，不但营造气氛，还会使师生情不自禁地共同进入角色，如《犬》一课时，学生老是读不好“哀鸣不止”一词，我先请他们忘掉“流利”和“声音洪亮”——而是用心去轻轻地读原文：“文尔内老是挣脱链子，跑到斯达罗被打死的地方，哀鸣不止……”接着，我用低沉的语调这样描绘：苏联卫国战争时期的边境荒凉、凄冷而又空旷，在斯达罗被打死的地方，平添了一座“孤坟”，一只受了重伤的“狗”伸着长长的脖颈，高高地昂着头，长鸣不止，借以表达对主人的哀思……我请学生们用“心”再读原文，从学生的声音、表情当中我看出他们与“文尔内”的感情产生了共鸣！学生理解了“文尔内”，理解了“哀鸣不止”一词后面深藏的含义，甚而也隐隐地感受到战争的残酷。

通过“哀鸣不止”一词的成功诵读，我们情不自禁地共同进入了文中的意境，我的教学是以读带讲、以读促解，收到了很好的效果。

叶圣陶先生认为，语文课上需引导学生在阅读的时候能够自主理解，学生了解不了时教师才去帮助一下，困惑得解，事半功倍。

三、用“心”品味，“平淡”中见惊奇

古人云：“韩如潮，苏如海，柳如泉，欧如澜。”是说凡“大家”的文章总要在文章的关键处形成情感起伏的波澜，而作为教师，要善于发掘这些微妙之处。课文中的重点段落中的有些词或句子看似平淡，含义却很深刻，对表现中心思想作用较大，指导学生读好这些词语、句段，可以帮助学生深入体会文章的思想感情。如教学《犬》课中：当得知有一条狼狗在柏林的市中心咬死了人时，“我扔下电话，很快赶到了现场”，我先引导学生试着把“扔”字换一下，学生很快说出了诸如“挂”“摞”“放”“搁”“抛”等字，在充分鼓励学生创造的基础上（我夸奖他们将来也能做个“出色的翻译家”），我们共同把这些动作分别“演练”了一遍，又重点演练了“扔”字，有了“感性”认识

后，我再请学生把这些词放到原句中“比较着”反复朗读，学生很快发现：还是“扔”字用得好！他们认为，通过这一“扔”字，可以看出“我”对“文尔内”的全部感情，我进而启发学生：“你们都看出了什么?”学生们纷纷发言：“可以看出‘我’对‘文尔内’非常担心!”“不希望它出事!”“‘我’已经养了‘文尔内’八年，把它已经当成了‘亲人’!”……

我也被学生们发言的真切所感动，不失时机地要求学生读出重音，读出感情来，请学生去真正地体会，对一条“狗”保存了“八年之久”的“复仇行为”——带给“我”的震撼，以及对它“宁肯牺牲自己的生命，也要为主人报仇”——这一“义举”的敬佩之情！学生通过反复地、充分地朗读，也一致认为确实只有这一“扔”字，才能表达“我”当时复杂的心情。上海特级教师左友仁曾提出，有些课文不读上二十遍是决不应罢休的。

四、熟读成诵，用“心”积累语言

《教育心理学》指出，在儿童的记忆仓库中，丰富的语言材料的储备，是理解和运用语言能力的必要条件，也是提高思维能力和智商能力活动水平的基础。这个“储备”的手段，就是背诵，不背诵是不会将规范的书面语言“植入”记忆的仓库，内化为自己的语言的。

如教学《犬》课时，学生对文章结尾处的“文尔内最后用舌头舔了舔我，死去了”一句感受颇深，他们说这里有一种“悲壮”的美，我随即启发学生：“‘文尔内’为什么要用舌头舔舔‘我’呢?”学生说：“它有深深的遗憾!”“它有一份‘牵挂’和‘眷恋’。”“它觉得对不起‘我’，不能为‘我’做事了!”“它可能还想求‘我’一件事：把它葬在斯达罗身边。”“文尔内这时非常矛盾。”……我听出同学们发言之中的分量，进一步点拨道：“你们能替‘文尔内’把未了的心愿说出来吗?”此时，同学们表达的欲望就像解冻时的春潮——挡也挡不住。“我觉得，它肯定想说：‘对不起，你能把我葬在斯达罗身边吗’?”“谢谢你养了我这条‘聋狗’八年!”“我再也不能为你做什么了!”“我咬死的是顽固不化的‘盖世太保’，他死有余辜，我死而无憾!”“如果我不死，我一定会听你的话!”“对不起，让你难过了……”“我要与斯达罗葬在一起，就是要告诉他‘我给你报仇了!’”……

有一千个观众，就有一千个哈姆雷特！学生们想象的翅膀张开了！孩子们内心的激情迸发了！课堂出现了高潮……

由于真正“融进”了课文，学生又进一步提出了一个“探究性”问题：“文尔内”与“我”的感情也很深，怎么能知道“文尔内”是要求“我”把它葬在“斯达罗”身边呢？

这正是文中的“两条线”！这又给了我们一个统观全文的机会，于是，我因势利导，请同学们边轻声朗读全文边思考下面的问题：“文尔内”与“斯达罗”和“我”的感情都是怎样的？朗读有关的精彩的语句，背诵，然后复述全文。

复述开始时，我还有些担心，但当同学满含激情地复述时，我的一颗“悬着的心”放了下来，我看到了我“用心”的结果。又一名同学开始复述了，渐渐地，我被她的复述所吸引，她不但将文章中的精彩段落背诵下来，而且加入了自己的许多创造性语言，复述完毕，我带头给她鼓掌！多么了不起的“升华”——她敢于对原文进行“再创造”了！谁敢说，将来我们身边的这些孩子里不会出现“莎翁”“雨果”“鲁迅”呢？我想，这篇文章一定会深入学生的脑海，成为他们小学语文学习中一段铭记于心的记忆。

我记得小时候听莎翁的著名悲剧《哈姆雷特》的话剧录音时，虽听不懂，却也为那如诗如画的台词所倾倒；上学时听过孙道临朗读《谁是最可爱的人》的录音，那优美的语句和饱含深情的嗓音，曾使我回味许久；年初在北京举行的古代诗词朗诵会上，老一辈艺术家精湛的表演深深地打动了无数听众，让我们感受到文学艺术的魅力，感受到祖国语言的博大精深。我想，语文课堂上如果学生也能用自己抑扬顿挫、铿锵有力的声音去演绎一部部艺术作品，做到“我以我心读文章”，那该是一幅多么美不胜收的画面啊！

（此文发表于《大兴教育研究》2001 年 5 月刊，此处有删改）

“丑小鸭”的蜕变

——对《天鹅的故事》教学的反思

教学《天鹅的故事》时，我一直被“面对困难，奋勇当先的老天鹅；团结勇敢的天鹅群；悄悄离去，再也不打猎的斯杰潘老人”所感动着。如何让我们的孩子们通过学习，懂得尊重生命，善待生命，又将作者令人感动的文笔学到手，所以我想要教学的内容太多了：哪里要潜移默化？哪些是这节课要重点完成的？分段的方法、概述文章的方法、生字读音的落实、精彩段落的背诵、难点（可爱、悄悄地）阅读的理解，用写的方式表达感受，不是一句两句，而是连句成段……

一、“丑小鸭”般的成长阶段

为了让我的思考成为学生学的过程，我这样反复推敲教学目标。

（一）第一次推敲

第一课时教学目标：

学会本课 8 个生字及新词，认读 4 个字。

能把课文分成几部分，说出每一部分的主要内容。

以“您老喜欢打猎”为线索读通课文，大致说出文章主要内容。

第二课时教学目标：

有感情地朗读课文第 5～7 自然段，通过朗读再现天鹅无数次破冰的情景。

体会“深情”“悄悄地离开”蕴含的情感。

感受天鹅团结、勇敢的精神。初步懂得尊重生命、善待生命。

教学重点：想象天鹅无数次破冰的情景，用朗读表达出来。**教学难点**：理解斯杰潘老人的“猎枪再也没用过”的原因，写出自己独特的感受。

(二)第二次推敲

第一课时教学目标：

想象天鹅无数次破冰的情景，用语言表达出来。

体会“深情”“悄悄地离开”蕴含的情感。有感情地朗读课文第5～8自然段。

感受天鹅团结、勇敢的精神。初步懂得尊重生命，善待生命。

第二课时教学目标：

进一步理解课文，感受天鹅团结、勇敢的精神，并能说出感受最深的地方。

有感情地朗读课文，背诵自己喜欢的词句。

能把读了这篇课文后的感受写下来。

初步懂得尊重生命、善待生命。

教学重点：说出感受最深的地方，有感情地朗读课文。**教学难点**：写出自己独特的感受。

…………

(三)完成稿

第一课时教学目标：

学会本课8个生字及新词，认读4个字。

能把课文分成几部分，说出每一部分的主要内容。

以“您老喜欢打猎?”为线索读通课文，大致说出文章主要内容。

第二课时教学目标：

想象天鹅无数次破冰的情景，有感情地朗读课文第5～7自然段。

体会“多么可爱的鸟儿啊”“悄悄地”蕴含的情感，用语言表达出来。

感受天鹅团结、勇敢的精神。初步懂得尊重生命、善待生命。

二、“丑小鸭”蜕变后的欣喜

在无数次的研磨之后，呈现出来的教学任务一目了然，教师心中有数，清晰明了，教学环节应运而生，教学方法随之产生，可谓纲举目张，牵一发而动全身。

好处1：厘清思路，突出主线，有舍有弃。

好处2：重点、难点明确，指向集中。

好处3：围绕重点，有效整合，把感悟到的一切想法写出来。

好处4：突破难点：三维目标中的第三项“情感态度价值观”要如何通过扩展、发散、联系生活实际等手段去帮助学生达成。

好处5：不给概念，再去体会，如先提出“团结勇敢”，再去找课文中哪些地方表现了它们的团结和勇敢？或先给“齐心协力”，再去体会哪些地方体现“齐心协力”？

三、“天鹅的故事”启示

第一，教师的教学必须在吃透教材的基础上，在正确理解编者意图、作者思路、学生“学”路、教师“教”路的基础上进行，否则就是以讹传讹，弄巧成拙。偏离教材本身，人为地加上很多主观色彩，学生就会学无所获。

拿到一篇课文后，教师要切实地去想：这篇课文中的知识能力目标有哪些？情感态度价值观是哪些？过程中如何体现，采取什么方法体现？如此才可让教学来得自然，来得潜移默化，来得不着痕迹。由此我想到，在学生的语文学习中，教师的语言、教师的范读、教师对工作的态度、教师的风度都会不留痕迹地影响学生。

第二，教师要用自己的真情打动学生。学生为什么要在学校学习？是因为有老师。人是社会化的，要交流、交往，教师用自己对语言文字的热爱感染学生，不用说教，不用硬性要求，把自己沉浸在课文中、课堂中，进入课堂就不再是“我”，而是文中的人物、作者、学生等。

第三，教师要有敬业、奉献精神，牺牲自己的业余时间，牺牲自己的睡眠时间，进行教材的把握，教学设计的修改。

第四，教师要广泛阅读，广泛、虚心地听取意见，谦逊、有选择地吸收，最终受益的会是教师自己。

“有选择地吸收”应这样理解：一是他的意见非常好，但我暂时还理解不了，或暂时做不到，可能是我的水平问题，就可以先不听，但一定要留下来保存好，等过后再拿过来反思，因为这些意见往往是高屋建瓴，对你的下一步发展有很大帮助，是你要攀登的下一个高峰。二是不太适合自己的，要学会抓住他指中的要点，转化成适合自己的教学行为。三是勇敢地面对别人的全盘否定，敢于打破自尊，低下头来，因为“旁观者清”，他们才有那样的建议，因为他们只想让你做得更好。四是最终还是要靠自己，不断打破，重塑，再打破，再重塑，在这样的轮回中一个新自我终会诞生，一个优秀的教师终会崭露头角，他也终会得到学生的尊敬和领导的器重。

还是“丑小鸭”

——对《天鹅的故事》教学的再反思

2011年4月16日和17日两天，我来到了“山水甲天下”的桂林，正是草长莺飞的季节，一切是那样的欣欣然。

我没来得及和孩子们先见一面，就直接在下午1:30和他们相识并开始上课了，讲课现场有2000余人，是在桂林的体育馆里进行的。

《天鹅的故事》是我五年前参加区课赛获得一等奖第一名的课，当时得到了张光璎、王春明、吉春亚、李明新四位特级教师的指导，现在想来，都是万分荣幸的事，也是在那时，我对语文和语文教学有了更深入的认识。在这几年里，我为学校和老师思考得虽比较多，但对于语文教学的热爱，从未因为一时、一事或是名利等因素停止过，反而更加痴迷和义无反顾。

此次，我再讲这篇课文，已显得从容和镇定了许多，更多在关注学生的表现，而不是关注自己的表现。学生在这堂课上，到底哪里有了进步？哪里有了提升？对于语文的喜爱有没有提升，对于语言文字的理解到底有没有新的认识？我追求的“自然的语文”体现在教学中的哪些地方？这是我现在讲课最先思索的内容。

以前，讲完一节稍成功的课，我总是沾沾自喜。现在，随着对语文教学理解的深入，每每讲完课我总有许多遗憾，也总是汗涔涔。

敬畏——我挚爱的小学语文教学……

“我”和“我们”

——对《我们和我》教学的思考

在和六年级的学生一起学习课文《我们和我》时，我带着“学生们能在学习这首诗歌时迸发出激情吗”这样的疑问走进了课堂……

课文第二节是一个重点：“我虽是一朵花，却扮不出烂漫的春色；我虽是一滴水，却汇不成澎湃的江河；我虽是一棵树，却组不成茫茫的森林；我虽是一块石，却不具备泰山的巍峨。”上课时，我没有生硬、割裂地讲解，而是让学生自读自悟，采用各种形式读，最后我又激情洋溢地范读了一遍，我发现学生的小眼睛亮晶晶的！

下面就是让我担心的事了，因为我继而要求学生：“你来续写一节！”(学生只有在读懂的情况下，才能创造)他们果然面面相觑：我们也能写诗？而且是即兴创作？我拼命抑制住自己的怀疑情绪，热情地鼓励着：“第一个，是最勇敢的孩子！”一个学生犹豫着举起了小手：“我虽是一片云，却汇不成茫茫的云海！”“精彩！”我由衷地赞叹道，随即，又有几只小手举了起来："我虽是一把火炬，却不能永远给人们带来温暖""我虽是一度电，却不能送去——"学生在思忖着合适的词汇，"万家灯火。"我欣赏地看着她，补充道。此时，学生终于是放开了手脚，都在思考着……

王磊(补考升级的学生)举手了！我大声说："王磊，你试试!"同学们小声地笑着，一副不屑一顾的表情，王磊小声嘀咕着："我虽是一块土……""哈哈哈……"同学们爆笑！王磊涨红了脸，要坐回原位，我对同学们的表现装作"视而不见"，快步走到王磊跟前，对着大家说："你们谁能猜出王磊要说什么?""土丘!""大地!""笨蛋!"一些同学戏谑道，王磊不知所措地站也不是，坐也不是，我小声说："王磊，说下去，老师相信你与众不同!"王磊还是不太自信，他说："我虽是一块土，却组不成九百六十万平方公里的土地。"我带头鼓掌："说得好，我虽是一块土，却组不成有着九百六十万平方公里土地的祖国!"我不留痕迹地补充道，同学们也都真诚地向着王磊鼓掌，王磊第一次挺直了小腰板……

这一下，同学们来情绪了，小手如林："我虽是一滴雨，却不能灌溉千亩旱田""我虽是一粒米，却解除不了人们的饥饿""我虽是一株草，却成不了一碧千里的草原""我虽是一片叶子，却没有大树的枝繁叶茂""我虽是一只鸟，却没有百鸟齐鸣的春天""我虽有婉转的歌喉，却唱不出大合唱的气魄""我虽是一丝风，却不能在夏夜送去更多的凉爽""我虽是一颗小星，却扮不出夜晚璀璨的美景"……我点着头，微笑着："我们班要出诗人了!"

这时，武烨站起来："老师，我想好了前面一句，您能给我对下句吗?"哈，将我一军！我从容地点点头(可以理解，毕竟我们相处不到两星期嘛)，她说："我虽是一片雪花……"我故意迟疑了一下："却不能让大地银装素裹!""哇!"接着是掌声，她一闭眼睛，又说："我虽是一块砖……""却不能安得广厦千万间!"我不再迟疑，学生们给了我更热烈的掌声！我当时很激动，因为我觉得：从这一刻起，我与六(3)班的孩子们没有了“距离”。

其后，有些学生要冒“坏”了：“我虽是一颗原子弹，却炸不毁整个世界！”同学们一片嘘声，纷纷站起来反驳，我让学生们充分地表达自己的看法，结果是不言而喻的。

只是有一节引起了大家的争议：“我虽是一粒沙，却没有茫茫沙漠的壮阔。”同学们立刻群起而攻之：“现在正在治‘沙’呢，你还这么说！”“全是沙漠了，看你去哪！”这正是这个时代孩子们的思维，我折中地说：“有理，有理。”可是，武烨却站起来说：“从文学的角度看，这没有什么不对的！”我又慢慢点头：“也有理，落日余晖，金色沙漠，也是美不胜收啊！”同学们不干了：“老师，您不能这样。”我装作很无辜的样子，“委屈”地说：“那你们说，到底谁有理？”“我们！”“武烨！”“老师！”……

“铃——”下课铃响了，同学们意犹未尽，还在那儿仨一群俩一伙地讨论着……语文课堂可以延伸到多远啊！

(此文发表于全国教育类核心期刊《班主任》2002年第10期，此处有删改)

小学语文概括能力“训练”教学片段

——对《圆明园的毁灭》教学的思考

我听写完词语，问：“圆明园中有两个发音是‘yuán’的字，分别是什么？”学生饶有兴致地解说起来。“好，看来大家都清楚了，我看你们都把这篇文章的主要内容概括在了书上，谁来读给大家听听？”

课前，学生们预习得比较好，都在书上做了记录，话音一落，学生们都纷纷举起手。我暗自思忖：一定要保护他们的积极性，通过激励来巩固这个好习惯！于是，我有意叫了一位平时不爱发言的小女孩，因为她的手举得很高。“圆明园是一座举世闻名的皇家园林，园中有金碧辉煌的殿堂，也有玲珑剔透的亭台楼阁，还收藏着最珍贵的历史文物。”——她语言组织得不好、啰唆，概括得也不全，但难道我能这样评价学生吗？抑或是让学生们这样来评价她？怎样做到既保护孩子的积极性，又把正确的方法“不留痕迹”地“教给”孩子们呢？

略一沉吟，我带头真诚地鼓掌：“哪位同学说说她哪写得‘好’？”我特意强调“好”字。一位男生冲冲地站起来：“她写得太啰唆……”我笑着打断：“我们先说她哪里写得好？”“嗯……”男孩子挠挠头皮“文章的前半部概括得比较全面……”我与男孩相视一笑，好一个聪明的孩子！我即时鼓励：“你有一双会发现的眼睛！善于发现别人的长处。”我转向女孩：“你确实把文章的前半部概括得比较全面，那你认为自己‘丢’了什么？”我很在意自己的用词，女孩不好意思地一笑：“文章的后半部没有概括进去，嘿嘿。”我点拨道：“看来，概括文章主要内容首先要做到——”她回应：“全面、完整。”我即时板书“全面、完整”。

“现在你能不能把自己‘丢’掉的内容加进去？”我说。女孩试着说道：“1860 年 10 月 6 日，英、法联军侵入北京，把圆明园内能拿走的东西统统掠走，拿不动的，就用大车或牲口搬运，实在运不走的，就任意破坏、毁掉。”有的学生早已按捺不住：“最后一把火烧了！”教室里响起一片笑声。

“想不想让同学们帮帮你？”我不失时机地问。女孩认真地点点头，满眼期待地望着同学们——这正是我想“要”的场面，同学们受了女孩的感召，跃跃欲试，我有意点了一位“中等”的学生，这位同学信心满满：“概括内容可以不说得那么具体，把日期去掉，英、法联军侵入北京，把圆明园内能拿走的东西统统掠走。”又一位学生说道：“可以更简洁些：英法联军一把火把圆明园烧毁。”我用力地点点头，转头对着女孩说：“知道自己刚才的问题了吗？”“不够简练，有些啰唆……”女孩不好意思地笑着回答。“好！请你把这个词写到黑板上！”

我继续点拨道："通过我们刚才的讨论，我们知道概括全文内容除了做到'全面''完整'，还要'简练'。"孩子们都用力地点点头。

此时，关于如何概括全文内容的要素已由学生总结得出，一切似乎水到渠成。

但我仍不满足，故意"挑战"："关于概括全文内容，谁还有别的想法?"这时，坐在教室最后的那个女生把手举得高高的："应该加上：'圆明园的毁灭是祖国文化史上，也是世界文化史上不可估量的损失'。""说说你的想法!"我加重语气道，女生显然感受到我的鼓励，回答得也斩钉截铁："因为这才是作者写这篇文章的目的!""说得好!"我带头热烈鼓掌，同学们也恍然大悟，由衷地热烈鼓掌！"请你选个合适的词板书。"我举着粉笔，女生认真地问："点明中心?"同学们异口同声地回应："好——"喜悦之情溢于言表。

其实，在课前检查的时候，我已发现坐在教室最后这个女生的答案非常之好，我完全可以让她来读一读，然后让她把怎么想的与大家分享，这样非常"节省"教学时间，但是，这是以"牺牲"大多数孩子"获取知识的过程"和"形成能力"为代价的。

试想，我们坚持这样"训练"孩子，会让孩子扎实地掌握"概括全文内容"这一能力，正像温家宝同志曾提出的，概括文章的主要内容，锻炼学生的逻辑思维和概括能力，从我个人的学习体会讲，这一点很重要，掌握了可以终身受益。奠定这个基础，我想，作为小学语文教师，我责无旁贷。

无备有患

——对"语文实践活动"教学的思考

我由于这两天学校活动特别多，加上自己的教务工作，所以对书后的练习题没有细细揣摩，拿起书就进了六(3)班教室。我想：反正昨天让学生们预习了，再加上我的“功底儿”，对付这道题应该“没问题”吧。

这是一道类似“顶真”或是“接龙”的题，书中给的例子是：“演讲—讲演”“鸡蛋—蛋鸡”等，前一类“接过来”意思未改变，后一类“接过来”就变了。乍一看，我还真有点“懵”住了，只好草草地看了一遍教参，心想：反正无关“大局”，待会儿“软处理”一下得了，只要我不鼓动，学生们不会“较真儿”的—没准儿他们也想不出呢！

果然不出所料，学生们好像被“卡”住了，我“得意地”边板书边说：“我来说几个吧！前一类：阻拦—拦阻、相互—互相、开展—展开；后一类：亲近—近亲、喜欢—欢喜、年纪—纪年。”(当然是教参上的“答案”了)，我只想快快结束这场“无准备之仗”，免得伤了我好不容易在学生面前建立起来的“威信”。谁知，当我板书完毕转过身来的时候，却有几个学生举起了手，我当然得“象征性”地叫一下了：“好，你来。”只见他拿出预习本，试探性地说：“人猿—猿人、荣光—光荣、上课—课上”，我夸张地大声说：“真不错，请坐!”“老师，我还想说后一类呢。”没等我答复，他又自顾自地念了起来：“好友—友好、锅盖—盖锅、牛奶—奶牛”，我只好说：“噢，你果然厉害！咱们看下一题……”我本想就此“下台了”，可还有学生“不依不饶”：“我们还有呢，您让他说，就不让我们说了!”……教室里“怨声一片”，唉！真是“种瓜得瓜，种豆得豆”，谁叫我从开学以来一直“鼓动”学生们要“积极思考”，敢于“与众不同”呢，如今弄得自己也下不了台了，我索性“横下一条心”：看你们能说出多少，我“豁”出去向你们学了！

这下子，教室里可热闹了：孩子们就像“鲤鱼跃龙门”似的此起彼落—你刚言罢，我即站起。一时间，我还真有点应接不暇，正在我“犯傻”之际，一个学生突然插话：“老师，我觉得我们说得也不错，您为什么不把我们说的也写在黑板上，而只写您的?”我心想：你们哪知道我的“如意算盘”呀！事到如今，就“依了”你们吧。于是，学生说我写，写到最后，连我也大大吃了一惊：弧形黑板被写得满满的！

忌妒—妒忌、细心—心细、来到—到来、湿润—润湿、花开—开花、好花—花好、到达—达到、开灯—灯开、香味—味香、初夏—夏初、少年—年少……

水流—流水、好多—多好、黄金—金黄、回来—来回、故事—事故、自选—选自、下水—水下、著名—名著、好看—看好、计算—算计、彩色—色彩、书包—包书、上马—马上、生产—产生……

看着学生们忙不迭地一边看着黑板，一边补充着自己的预习作业，我也好像刚刚醒悟过来：也忙不迭地把“这些词”抄录在我的书上，要不然，“值日生”该擦黑板了！

本是因为我的准备不充分，想“走马观花”一次，不料却遇上了“有备而来”的学生，他们把“我”直逼“梁山”，着实让我出了一身冷汗，好在“我”有“武艺”在身，在“水泊梁山”上演了一场“封神演义”。

童言“有”忌

——对“作文”教学的思考

这天，我到二年级听课，课的内容是看图说话——“小明的梦”。图的内容是一个小男孩双手背在脑后，闭着眼睛躺在床上，笑着。

老师给了孩子们一段时间准备，又让他们在小组内讲一讲，教室里“叽里呱啦”地一片童声鹊起……小孩子们都眉飞色舞地讲着……渐渐地，声音小了，直到最后一个声音停止了，老师才说：“谁来讲一讲？”我暗暗佩服老师教学的民主。

一个漂亮的小女孩站起来说：“小明做了一个很快乐的梦，他梦见自己长大了，当了一名天文学家。他用望远镜看到天王星、海王星、冥王星、水星……他发现了一颗新的小行星，并命名为

‘小明’星，他笑了。”孩子们鼓掌。一个带着“三道杠”的男孩子不甘示弱地说：“小明梦见他长大了，他的英语非常好。在2008年北京奥运会上，外国朋友请他当翻译，他给外国朋友介绍我们国家的名胜古迹，有天坛，有北海，还有故宫，外国朋友夸他英语说得好，他高兴极了。”孩子们鼓掌。一个戴眼镜的男孩也发言了：“夜深人静的时候，小明在睡梦中，他梦见他长大了，当了一名飞行员，在蓝色的天空中飞翔，他看见了大海、森林、喜马拉雅山和各地的名胜古迹，他高兴地笑了。”孩子们鼓掌。接着又有几个学生发言……

这时，老师启发道：“谁还有不同的想法?”老师特别强调“不同”两个字。

一个秀气的女孩说：“小明做了一个很快乐的梦。春天来了，小明扛着铁锹，拿着小桶，去马路边种树。他种了一棵又一棵，一直种到天黑才回家。第二天，小明去上学，看见自己种的树种都长出了小苗。到了学校，老师亲自给他戴上了一朵大红花，说他是‘绿色小天使’。看着这朵大红花，小明高兴地笑了。”接下去又有一些“类似”的发言……

孩子们的表达通顺、流畅，用词也很恰当，想象也很丰富，发言也各具特色，“说”的内容涉猎面也很广，老师也充分照顾了各层学生的发言并给予了适当的指导，应该是比较完美的一节课了。

但，不知为什么，我总有点意犹未尽，好像还在期盼着什么……

没有孩子再举手了。

我渐渐有些失望了……

这时，老师象征性地问了一句：“谁还想说呀?”

一个胖胖的小男孩的手怯怯地举了起来：“老师，我和他们说的都不一样，还能说吗?”老师点点头。

小男孩蛮有趣味地一笑，说道：“我也管他叫小明吧，这个我跟他们一样，可是后面就不一样了。”老师莞尔一笑，表示默许。小男孩受到了鼓舞，“连珠炮”般地开口了：“小明梦见自己做了个广告：交一万元钱就能随他到金星上旅行，好多同学都来排队交钱，小明看见了，心里想：这帮大笨蛋，不动脑子，全上当了！小明笑了！”

教室里一片爆笑！

孩子们更来劲了，“扯”着脖子，“探”着身子，“高高”地举着手：“我还有……”不等老师发话，就大声地说：“小明梦见自己和亮亮一起去探险，发现了一个奇怪的洞，正要进去，突然里面飞出一只‘大怪鸟’，亮亮吓得趴在地上，裤子都尿湿了！小明笑了……哈哈哈！”不等同学们发出笑声，这个男孩子先忍俊不禁了……

教室里一片笑声！

孩子们一反刚才“规规矩矩”的乖乖样，仿佛被施了魔法似的“活”了……那发自内心的真实的笑声、那不加掩饰的真实的笑容深深地感染了我，我不禁也开怀大笑……

笑过之后，我的心里却不禁酸酸的：不经意间，我们扼杀了孩子们多少的天性——童言“有”忌啊！这可能就是一直困扰我们大家的，为什么我们孩子的作文缺少“童真”“童趣”的原因，是我们这些大人们不敢听，不愿听，甚至有些“怕”听。于是，孩子们“拼命”地绞尽脑汁让自己的作文“拔高”，而这所谓的“拔高”直接导致了“大话”“空话”“套话”的泛滥——孩子们的作文缺少了“鲜活”的生命力，直到孩子们觉得“作文无趣”“害怕作文”“讨厌作文”！

这不由得让我想起看过的一篇文章，在一次考试中学生用“时间”造句。“时间就是生命”“时间就是金钱”“时间是宝贵的，我们要珍惜它”都获得满分，而有一位学生是这样写的：“时间像一辆马车，驶过人生的一个个旅站，载着我们走向死亡！”却因为“人生观灰暗”一分未得！

国家颁布的新课程标准中指出，没有童心、童趣，缺少想象力，就很难培养出健全的人格。让孩子们回归自然的本性，让孩子们的作文充满童心、童趣，让童言“无”忌！

〔此文收录于 2008 年 5 月 29 日的《作文导报（教师版）》，此处有删改〕

下　篇　自然的语文之思

没有思考，便不会有发展。因一件小事而引发的思考，因一次外出学习而引发的思考，虽然思考的点很小，但“不积跬步无以至千里，不积小流无以成江海”。本篇写“自然的语文之思”有两重含义。第一，思考是我前进的动力，“思考”本身并没有价值大小之分，我看重的是“思考”为我的内心带来的震撼。这些思考一点点地构成现在的“我”，也构成了我对教育教学的理解，也可以说，这些思考都是我追求课堂“自然”状态中不可缺少的精神支撑。第二，思考也成为我自然而然在做之事，我不用强制，不用压迫，“自然”就去思考了。这种思考伴随着我的成长与进步。因此，在本篇中，我会从以下几个方面谈起。

一是对于教师专业发展的思考。联合国教科文组织的报告《学会生存》里提到，教师现在已经越来越少地做传递知识的工作，而是在越来越多地做激励学生思考的工作；除了他的正式职能以外，他将越来越多地成为一位顾问，一位交换意见的参加者，一位帮助发现矛盾论点而不是拿出现成真理的人。新一轮基础教育课程改革对教师提出了更高的要求。教师已经不只是“传道、授业、解惑”的单纯的知识传授的角色，而要变成学生学习的促进者、组织者和引导者等更加丰富的角色。因此，教师的专业发展就成了学校教育中不可忽视的一个环节。教师的成长离不开一些优秀教师的牵引，离不开外界环境的支持，更离不开自身素养的提升。当代教师需要从“经验型教师”成长为“反思型教师”。如今随着信息化时代的到来，网络媒体的大行其道，学生获取知识的渠道已经呈现多元化趋势，但如果教师还故步自封，势必将掌握不了学生的学习动态。因此，教师也要与学生一同不断成长。一个优秀的语文教师一定是一个有思想的语文教师，而“思想”不仅来源于长期的实践积累，更来源于教学过程中的成长历程。教师的专业成长是没有止境的，只会有下一个目标。不断充实自己的老师，常常会使学生如沐春风，享受知识带给人的启迪、美感和力量，进而对学习萌发浓厚兴趣。

二是对他山之石的思考。“他山之石，可以攻玉”源于《诗·小雅·鹤鸣》。原意是说，别的山上的石头可以作为砺石，用来琢磨玉器。后来比喻他人的做法或意见能够帮助自己改正错误、缺点，或提供借鉴，就是把有利于自身发展的方法、技术、管理手段等“拿来”为我所用，取人之长，补己之短。但是我们不能只停留于吸引别人优点，而不去自我创造，我们要在他山之石的基础上有所创造。荀子云：“假舆马者，非利足也，而致千里；假舟楫者，非能水也，而绝江河。君子生非异也，善假于物也。”一个人的力量是有限的，成功的光环需要个人的努力，也需要借助外物的帮助。从教这些年，我去过一些地方，看到一些先进的教学模式和教育经验，我在感叹的同时，也将它们记录下来，以期待改进自己的教育教学实践，更好地顺应教育规律。人的成长离不开对榜样的学习，特别是像教师这样的职业，更需要紧跟时代的步伐，了解社会大环境的变化、学生的新变化。

三是对日常生活中的教育的思考。这是课堂之外的思考。让教育与生活融合，教育源于生活，而生活又离不开教育。我们总说，教育要贴近孩子们的生活，符合他们的生活话语，但前提是教师一定要先会生活，留意生活中的点滴，全身心地投入真实生活，不能将生活与教育活动脱节。随着现代生活节奏的加快，信息化的加强，很多人已然忘记生活最本质的样子，人们习惯于忙碌的生活，而失去了思考的动力；习惯于繁杂的事情，而失去了探究的能力。如果一个人不留心身边发生的事情，那么事情便会像流水般经过，不复存在。周国平指出，老天给了每个人一条命、一颗心，把命照看好，把心安顿好，人生即是圆满；把命照看好，就是要保持生命的单纯，珍惜生活；把心安顿好，就是要积累灵魂的财富，注重内在生活。把这两种生活过好，生命的整体品质就是好的。如何提高生活的质量？我想最好的方式便是全身心地投入其中。同样，正如陶行知所言“生活即教育”，面对教育，我们同样需要全身心地投入。教育不需要惊天动地，只要平平淡淡；教育不需要刻意追求，只要真真实实。教育无处不在，教育随时随刻可以发生，生活就是教育。

第七章　教师专业发展之思

教师专业发展之一

——与名师一同备课

苏霍姆林斯基指出，如果你想让教师的劳动能够给教师带来一些乐趣，使一天上课不至于变成一种单调乏味的义务，那你就应当引导每一位教师走上从事研究的这条幸福的道路上来。当你开始有一种研究的意识、尝试的意识、探索的意识的时候，注意力就会从倦怠中有所转移。跟名师一同备课，就是给教师提供了这样的一次机会。

名师，顾名思义，就是在教育领域中有突出成绩的人。他们或有充分的实践经验，或有丰富的理论知识，能从多个视角，为教师们提供认识事物的新途径。

一是名师能引领教师打开新的一扇窗。与名师一同备课，可以听到名师对课的理解，在课的教法上的心得。他们有丰富的实践经验，能根据实践告诉我们一些真知灼见。例如，特级教师张光缨老师在带领我们一起备《金色的脚印》一课时曾指出，上好一节语文课，首先要把教材弄得一清二楚。教师把握教材是第一位的，钻研教材的深度和宽度决定着老师教学的高度。我们语文老师要走稳教材定基调，要和作者同呼吸共命运。

二是名师能指导教师解决疑惑。教师在备课的时候，往往会出现一些疑惑，但这些疑惑对没有充足教学经验的教师来说，很难处理。那么就需要有资深教师、名师为我们解答疑惑，帮助我们成长。

三是名师的威望与严谨的治学精神，胜过管理者的要求与说教。名师带给身处物欲横流、价值观不清的社会环境里的青年教师们的“冲击力”是不可估量的。成年人也同样需要“身教”！记得之前，在张光缨老师与我们一同备课后，一位年轻教师写下了：和张光璎老师一起钻研教材时，我感受最深的是张老师总能千方百计地“逮住”文本里关键的词句和重、难点，从不满足于理解文字的表面意思。她总是穷追不舍、深挖细究，直至挖掘出文字背后的东西才肯罢休……经过和特级教师如此全面、深入地备教材，我深切地感受到唯有这样才能使文本“生”在老师的心里，“长”在老师的脑中，“活”在老师的胸中。而只有如此，我们才能在教学时“胸藏百汇凭吞吐，一切尽在掌握中”。

这不就是言传身教吗？这不就是治学精神的传承吗？

他山之石，可以攻玉。教师们站在较高的一层，看较低的一层，有助于克服故步自封的心态，获得更大的成长。

教师专业发展之二

——教师反思的重要性

教师反思即教师为了实现有效的教育教学，对已经发生和正在发生的教育教学活动及其背后的理论和假设，进行积极、持续、周密、深入、自我调节性的思考的过程。教师只有通过反思，将自己外在的行为、他人的反馈，以更精细化的方式进行思考，才能更进一步提高自己的教育教学能力。教师反思有多种形式，包括课后感悟、学期总结、教学日记等。

但在现实实践中，发现一些教师反思意识较为淡薄；反思是被迫进行的；或者反思只停留在表面，流于一些形式化的方面，多侧重于低层次的教学技能和教学策略的反思，很少进行对教育理念和教育科研方面的反思。

自从担任教学管理方面的领导，我一年会听很多节课，每次听完课，都会与授课老师进行交流。刚开始我也要求老师们写评课后的感想，用这样的一种方式让老师们有意识地进行反思。但是这不是威逼，我只是希望在这种制度的规范下，让老师们慢慢意识到自我反思的重要性，体会到其中的价值。到后来，“反思”慢慢成了老师们的习惯。在反思中，可以看出老师们一点一点地进步。反思中有对自己教学的过程性评价，反思让老师们更加清晰地认识自我。

下面，展示部分教师的听评课感想，感悟教师的自我反思能力。

讲好常态课，为自主创造性课堂奠定基础

赵　然

家长开放日那天我准备的是课文《落叶》的第二课时。面对近四十名家长，我略有紧张，但是当白校长来到教室，我的心彻底踏实了。我觉得这是学校在家长面前给我这个新教师的最大信心与鼓励。说实话，这节课我是按照常态课的形式准备的，想让家长接近最真实的课堂，但是由于白校长的到来与指导，这节课学到知识、经验的不仅有学生，更有我自己。白校长的听课评语似乎使我在语文教学的迷茫中找到了一盏指引方向的明灯，因为有些建议也许让我再教个三五年都无法参透。

第一，基础知识的根基要稳固。

低年级学段的知识比较简单，不能因为它简单就不追求知识的深层含义与全方位解释，正是因为它处于低学段才是最常用的、最基础的、最应当稳固的。例如，对生字的掌握，白校长提到，对于生字的学习应当字不离词、词不离句，对生字要进行音、形、义的全面理解。在这方面我还有欠缺，而字、词的学习应主要出现在第

一课时，不应占用第二课时过多时间，喧宾夺主。

第二，基础知识与自主创新要珠联璧合。

古代私塾先生教学生摇头晃脑背文章的时代已经过去，当下需要的是学生灵活运用基础知识进行自主创造性学习的能力，而这一能力应当由教师在常规课上潜移默化地对学生进行培养。例如，对课题的引入，白校长提到，要结合生字的学习对课题进行形象的解释，给学生以想象的空间；对随堂提问，白校长提到，老师问的问题要有目的性，既要联系文章，又不能过于死板，要给学生发挥的空间。在这方面我欠缺的是对基础知识与自主创造性教学的联系意识不够深入，应当敢于突破模式教学的枷锁，更多考虑学生的自我展现。

第三，自主创造令常态课锦上添花。

自主创造性教学是对教学模式进行的改革，对学生、教师的身份进行的改革，使两者处于平等状态。经过自主创造式的学习，使学生的思维更加活跃，教师的理念得到更新，而这种最佳状态应当带到常态课中去。例如，对学词方法的掌握，白校长提到，学词时要使学生经历感知、感受、感悟三个阶段。对记字、读词的方式，白校长提到，在几个阶段中也要注意对学生的“胡乱”创造记字方式进行引导、纠正。读词方面要切忌齐读，避免影响学生的个性展示发挥。

基础知识是自主创造的根本，自主创造是基础知识的升华。作为新教师，我目前迫切要增强的是课堂教学的磨炼与为学生自主创造创设环境的意识。

反思是一个学习的过程，反思也是一个自我认识的过程，有时会很痛苦，有时会触碰到内心最柔软的地方。反思也是让我们内心更加强大的途径，让我们以更好的姿态面对教学的方式。

“守株待兔”为什么“为宋国笑”

徐　苹

课毕，白校长问了几位同学：“为什么宋国人要嘲笑这个人?”

学生1说：“这个人把得到兔子这件事情当作必然出现的事情了。”

学生2说：“这只兔子可能喝醉了，撞到树桩上，但是其他兔子是不会喝醉的。”

学生3说：“这个人想不通过劳动就得到兔子。”

…………

听到这，白校长很欣慰。每次听完课，白校长都会习惯性地问学生们一个问题，而这个问题往往都是本节课的关键点，以此来判断学生是否在这节课中有所收获。

一、让学生的思考“水到渠成”

好的课是让学生的思考“水到渠成”。“水到渠成”的意思为“水流到的地方自然成渠，比喻条件成熟，事情自然成功”。但这并不容易。这需要教师给予帮助、支持。教师的帮助与支持不能超越学生的思考，而应在一定程度上给予学生帮助，使思考之源慢慢流淌，最后汇成水渠。

在理解《守株待兔》文言文的意思后，需要去思考，为什么这个人被“宋人笑”?这个人在获得一只兔子后，接着继续等兔子，认为兔子还有可能撞到树桩。但仅仅因为这个还不至于被“宋人笑”。关键在于这个人“释其耒”，把养活一家老小、维持生计的工作都给丢了，去干一件愚蠢的事情。因此，对于“为宋国笑”在教学过程中，需要分成两个层次进行思考。对于第一个层次——认为还能抓到兔子，学生很容易想到，但对于第二个层次——宋人抛弃工作来抓兔子，就需要老师进行点拨让学生的思考往前更进一步，更加“水到渠成”。

二、寓言对现实生活的引导

“你想成为这样的人吗？你想成为什么样的人呀？”

这是课堂上老师的最后一个问题，也可以说是收官之问。寓言是用假托的故事或者自然物的拟人手法，来说明某个道理或教训的文学作品，对现实生活有一定的讽刺和劝诫的作用。寓言最大的作用就在于对现实的意义，那么，像这样的一篇寓言，如何体现其现实的意义，如何能对现实生活有指导，这需要教师的引导，不能仅仅只停留于寓言，而要透过寓言提示现实生活。这就是白校长常说的，关照现实。

三、让课堂更加“水到渠成”

《守株待兔》中有一个生字“冀”。在讲解的时候，与“翼”相对比。不仅用小篆体写出了“翼”，还用动作进行了表达。

“冀与翼原来是一样的，后来从翼中分化出了‘冀’，表示希望的意思。”

白校长指出：只在课堂中点到这，让孩子们理解了两个字的不同。但如果这个时候，还能够给学生提示一些关于“冀”与“翼”的区别，与《守株待兔》的寓言联系在一起，则会更加“水到渠成”。例如，老师可以追问一个问题：“那这个宋国人到底在想什么呀？”通过这个问题，过渡到后面的学习中。每一个好问题的抛出，是对学生思维的引领。

自主创造性的学习就是需要考虑，学生除了会读、会背，还能在课堂中得到什么？课堂中是需要启发学生进行思考，哪怕只有一点思考，也是最大的收获。

教师专业发展之三

——理解课文的新视角

《丰碑》属革命传统题材课文，教师会有这样几种现象无法回避：

年轻教师觉着“没意思”，中年教师“躲着教”，老教师上成了“思想品德课”……究其原因还是没有抓住语文的根本来教学《丰碑》。

一、看到特别之处

首先，我们要正视革命传统题材课文。因为任何一个国家，母语教育都在传递着某种政治价值取向。革命传统题材课文刻画的英雄是被主流社会推崇的人物形象，很容易感染、影响小学生，在他们心中形成角色期待。“军需处长”的“舍我”“默默承担”等高尚情怀会影响到他们的人生观、价值观和世界观，对他们长大后做人、做事产生积极的作用。这一点是不容置疑的。

其次，我们不宜只重视思想感情的熏陶而忽视对语言文字的理解与运用，从而上成思想品德课。我们在教学时应把学习理解、运用语言文字与感受人物形象和美好品德融为一体。如军长的两次“愣”，前后体现的复杂的情感变化；环境描写的烘托作用；“丰碑”的逐层递进的理解——表面词义、晶莹的“碑”、不朽的精神……这些都要求我们在目标的设置上体现语文学科的特点，重点抓语言文字的训练。关键要引领学生借助语言文字，走进文体；在理解内容、品味语言文字的过程中，与文本中的人物进行对话，感受人物形象，学习、运用文章的表达方法。

最重要的，抓住语文的“根”来教学《丰碑》这类课文，还是非常“有意思”的。教学时要舍得花时间让学生读课文，圈画出相关的语句、段落，仔细品味，在此基础上感受人物形象，学习表达特点，有意识地引导学生掌握本课的表达方法，做到读写结合。

二、看到经典之处

本篇课文和学生的生活有一定距离，学生理解有困难，不易与文中的人物产生情感共鸣，这增加了教学难度。在介绍时代背景(长征)、当时的社会环境(人迹罕至的地方)时，可让学生自己查阅、收集相关的资料，做好铺垫工作。

军需处长之前肯定做了很多努力，怎么把最后一件棉衣留给别人？如何“难为无米之炊”？这些文章都未做交代，但通过对恶劣的环境进行描写，如“军长早把马让给别人”，我们可以想象之前发生的事情。

文中的重要人物有军长(语言、动作、神情)——两次“愣”；军需处长(细节动作：向前伸着手)。

文中的关键词为如下几处。

“吞掉”，显示出了险恶的环境。

四个“可能”，喻示了“千难万险”。

“镇定”“安详”，军需处长去世前心情平静，并不抱怨，由此可以想象出他是一个恪尽职守的人。

“抽动”“抖动”，这样的表情变化说明军长在努力克制(愤怒)，极力克制(已到了极点)自己的情绪。表现了军长心情的变化。

文中的点睛之笔：风更狂了……上升为“丰碑”。

文中的快镜头：什么话也没说，快步向前走。

文中的慢镜头：久久地站在雪地里……

文中的特写(核心)：军需处长(唯一的正面描写)。

文中的远镜头：意味深长……人们从中得到鼓舞，受到感染。

三、看到语言训练之处

首先，要引导学生从整体入手，在对课文内容有一定了解的基础上，再深入到重点或难点内容的学习。我们不能忽略课文整体的存在。

其次，教师教学要尊重作者表达的情感，明确教材编排的意图。《丰碑》《草地夜行》《白求恩与孩子》描绘了一组中外不同年代的英雄人物，要从不同角度、不同侧面使相关内容形成合力。对于学生来说，通过阅读本组课文，开展一些课外拓展，既可以了解英雄人物的优秀品质，那种为了理想舍生忘我的精神，也可以感受到他们为中国做出的贡献，同时在学生升入高年级后继续学习描写人物的写法也有指导作用，如人物的心理、动作和神态描写，在事件冲突中写出人物，通过几个具体事例反映一个人品质的表达方法等。另外，教师不可做随意解读。

最后，教师教学时既要重视内容，也要重视写法。现在我们教学中的通病是只注重写了什么，不注意作者是怎么写的：课文在遣词造句、环境烘托、侧面描写、细节刻画、布局谋篇上具有怎样的匠心……这些都需要我们细细揣摩后，在教学时与学生分享。如布局谋篇就应按照环境描写—事件冲突—出人意料的情节—意味深长的结局，这一顺序。

总之，教学传统课文的目的就是让学生能在语言文字和思想情感方面都有所得。

■ 教师专业发展之四

——提高备课的质量

2017 年 3 月 4 日，在全国政协十二届五次会议期间，习近平总书记在看望民进、农工党、九三学社的政协委员时说：“我国知识分子历来有浓厚的家国情怀，有强烈的社会责任感，重道义、勇担当。他希望我国广大知识分子自觉做践行社会主义核心价值观的模范，坚持国家至上、民族至上、人民至上，身体力行带动全社会遵循社会主义核心价值观，并积极投身创新发展实践，不断攀登创新高峰。”在某种意义上，教师是知识分子，而且是一种特殊的知识分子。教师传承着人类文化和文明。因此，教师要做好充分准备，备好每一节课，让学生在每一节课上都有所获，有所得。是的，教育作为传承人类文化的活动，教师作为传承人类文化的具体执行者，是人类文明史上的永恒现象。教师所承担的教育任务非常之大，而教师的工作重中之重是教学，如何将课教好，如何让课有意思，这都离不开教师课前的准备。因此，备课成了教师必须要认真面对的环节。

备课原则一：教师要静气，要静下心来备每一节课，静下心来查找每一个词语和相关资料，静下心来读懂文中每个词、句、段及它们与篇的关系，静下心来从作者的位置，居高临下理解遣词造句和布局谋篇的匠心，静下心来与每一个学生对话，品味与学生在一起的分分秒秒，回味其中的乐趣，品尝其中的意义。静下心来反思自己的言行，静下心来总结规律并做正反两方面的积累，静下心来读几本书，静下心来研究学问。静下心来，受益的是学生，受益的是你身边的每一个人，而最终受益的是你自己。我们在与张光璎老师一同备课的时候，总是能感受到她那一辈人的严谨与认真，如“神奇的鸟岛”——什么是“神奇”？抓住这个词就能体悟文章的整个中心；“金色的脚印”——脚印怎么成了“金色”？有表面的意思，但更深一层的意思是什么？张光璎老师带着我们从追词逐句开始，再到领悟文章主旨，渐入语文备课之佳境。

备课原则二：语文要的是真情。教师授课时要为文章定好情感基调。教师动之以情，晓之以理，真真切切地走进教材，走进作者和主人公的心灵世界，为之感动。教师有和作者同呼吸共命运之感，是走进课堂的起点，是上好课的关键。而心灵的融入不靠告诉，不凭训教，它是无声的、潜藏的、渗透的，因此它是深刻的，有穿透力的。这是张光璎老师告诫我们的。如今的课上，我们看的多是“矫情”或是“面无表情”，这对于语文的教学和学习都是致命伤啊。

备课原则三：理念更新是关键。改变一种观念，收获一种行为；改变一种行为，收获一种习惯；改变一种习惯，收获一种性格；改变一种性格，收获一种命运。理念是本质的，形式的改变是表面的。理念会影响到一系列的行为表现，所以理念的更新是最关键的。

本着以上三个原则，我们需要做到“备课五步走”，这是张光璎老师一生倡导的，也是我内心极力推崇的，在备课的过程中加以运用，百试不爽。

第一，当好第一读者。“一字未宜忽，语语悟其神。惟文通彼此，譬如梁与津。”备课首先要与课文相遇，首先是一个读者的身份，带着最真实的自己进入到课文的阅读中。

第二，理解作者思路。“作者思有路，遵路识斯真。”“作者胸有境，入境始与亲。”“甚解岂难致？潜心(用心专而深)会文本。”教师要参透课文，抓住作者所想要表达的意思。虽然完全做到有一定难度，但要尽可能接近这一目标。比如可以通过了解作者写作的时代背景，了解作者人物性格等理解作者的思路。

第三，揣摩编者意图。教师要把握课程标准对本年段的要求，认真研读单元要求和课后作业等要求。编者对文章的编排是具有一定的逻辑思考的，要弄清楚。

第四，分析学者难易。教师要从学生知识基础、认知能力的实际出发，挖掘潜能，确定学习的难点和重点，力求教学有实效性。教学要充分体现学生主体地位，体现自主学习，防止教学活动流于形式，要尊重学生个体的差异，调动每个学生的积极性。

第五，教者设计教法。教案设计体现：目标精简、内容精要、活动精巧、教师精讲、学生精练。一句话：简简单单教语文，实实在在见效果。既体现学生的主体，也体现教师的主导作用。教法设计要体现语文课特点：工具性和人文性的有机结合。字(标点)、词、句、段、篇；听、说、读、写、思——强化训练，落实到学生的阅读和表达能力上。符合学生的需求：尊重学生主体就要强调给学生足够的时间和空间，教师要耐心等待和适时的点拨，引导学生质疑、探究、互动、实践，促进新知识的生成，这是课堂最大的亮点。

崔峦提出，只要执着地追求，潜心地钻研，辩证地思考，勤奋地实践，无浮躁、功利之心，有求是鼎新之志，就一定能成为一流的教师，一流的语文教育工作者。静下心来做事，成功在等待着大家。

教师专业发展之五

——师徒制的价值

教师的专业发展，离不开高水准的专业引领。学校组织两级拜师活动，为我们请来知名专家、学者担任全校干部、教师的“导师”，为我们的专业成长铺路搭桥。同时，我们五位有幸在“互促双飞”活动中被学校选为首批师傅。

其实，我自己是非常想做徒弟的，对名师在专业上的指导充满着渴望，他们深厚的人文底蕴、独特的教学见解、鲜明的教学风格、高超的教学艺术让我由衷地佩服。但今天我的角色是师傅，而我现有的水平充其量算是教学骨干，是不敢言师的，距离师傅的标准还较远。古人讲：“学无先后，达者为师。”“达”在字典中的意思为“懂得透彻”。作为师傅，虽然我们需要提高的地方还很多，但学校的发展决定了我们必须承担起这一历史重任，我们愿意把自己“懂得透彻”的地方无私地与徒弟分享；也愿意将“懂得不透彻”的地方与徒弟们共同研究，共同磨炼，比翼齐飞。著名京剧表演艺术家张君秋先生将培育演员比作一盘青菜，从播种到端上桌这几十道工序中，名师指点不过是个调味的过程，不可少，亦不可过。这也是我们在今后的互相学习中要时刻提醒自己的地方。学者集百家之长融于一身，师者因材施教展其所长，才是学艺传道之本。试想，当学校呈现出“百花齐放，百家争鸣”的学术氛围时，才是让所有关心和支持我们学校的人们最感欣慰的。

从师傅的角度出发，需要做到以下几点：

第一，作为师傅，要把敬业精神、工作经验、生活阅历，无私地、无条件地传给徒弟。这种传递可以通过平时的课例指导，还可以通过言行感染。榜样的力量是无穷的，如果师傅没有做好表率的作用，那么徒弟何以学习？

第二，作为师傅，要在文化底蕴、教学艺术上不断摸索，不断充实。任何时候，成长都不能中断，师傅都要不断地往更深更难处探索。教徒弟一碗水，自己要先有一桶水。

第三，作为师傅，要谦虚地把头低下来，向徒弟们的长处学习。“三人行，必有我师”，也许名义上的师傅容易让人得意忘形，殊不知有更多的知识需要相互交流。

我认为，新型的师徒关系既不是“师不必贤于弟子，弟子不必不如师”，也不是“青出于蓝而胜于蓝”，而应该是互促双飞，教学相长，共同提高。知识时代更多地强调的是合作和分享。

此时，我想到了温家宝同志给北京市西城区黄城根小学学生的题词“博学之，审问之，慎思之，明辨之，笃行之”。这何尝不是对我们每个人提的要求？我们应在勤学、善思、辨析中学有所得，更要在不断实践中共同提高。

第八章　他山之石之思

胜在细微之处的北京小学

一、从细微处看北京小学的文化

人要有一颗感恩的心，所谓感恩，就是记得别人的好，同时，给予加倍的回报。要学会感恩地爱，默默地回报，就像溪流的两岸，彼此牵手相互依偎，才可以细水长流。

——摘自北京小学文渊书斋

今天我们来到了倾慕和向往已久的北京小学(以下简称“北小”)。刚一进校门，迎面而来就看到了干净、整洁的校园，清新、优雅的环境。

办公区更是一尘不染，各式的绿色植物显示着这里的雍容和大气，到处是赏心悦目的景色，到处是愉悦和轻松的氛围。一进入这个环境，我们便自然“不敢高声语”，人好像是湖上的天鹅，陡然生出几分高雅和沉静，我立刻感受到“环境育人”真的不是空谈。下课了，孩子们随意弹奏的“叮叮咚咚”的琴声和他们的欢笑声交织在一起，让我们这些大人的心里立即充盈起一种感觉：既甜蜜，又幸福！

二、挥着翅膀的女孩

“……风雨来，不避开，谦虚把头低下来……”来到“北小”，这首《挥着翅膀的女孩》一直在我脑海中徘徊。我们是学科带头人，北京市骨干教师，那我们跟“北小”的教师到底相差多远呢？

第一天，李明新校长带着我们参观校园，我们一行人年轻者居多，但都要偷偷地一路小跑，而前面的李校长步履轻快，边走边说。我们心里已感到一丝压力。到食堂用午餐的路上，我们见到吴国通校长，我们一路攀谈时，也要脚下暗暗用力，方能不被落下。听完语文课，王春明老师(市教研员，特级教师，北京小学专家组成员)带我们到书斋研讨，王老师上下楼同样是健步如飞……

仔细观察这里的教师走路，没有踱四方步的，没有慢吞吞的，没有摇摇晃晃的，更没有嬉笑打闹的……我们看到的是“偶然”吗？

答案是非常肯定的：不是。

多日下来，我们在走路上已没有不适，反倒是回到了家里，听到了家里人的疑问：“你走路为什么这么快？”

早就听说，很多人上班的时候是一路小跑的，我在“北小”真的是切身体验到了……我们的差距是从“最简单”的走路开始的……

三、半块香皂

我第一次来到“北小”的教职工食堂，要了一碗酸辣汤。吃完后，我后悔没有带洗涤灵，刷起碗来不方便，但到了洗碗池旁，看到学校备有节约型带触点的洗涤灵盒，很是方便，心里不由得想：到底是大校啊。

刷完碗，我的手湿湿地正在掏手巾纸，旁边有人提醒：“这儿有消毒湿巾。”我的手一伸，打着卷儿的湿巾跑了出来，我的心不由得又是一震：真是太厉害了。

当天中午我来到书斋看书，伴随着潺潺的流水声，我享受着正午的阳光，周围是鲜嫩欲滴的奇花、翠色的青竹，已是非常惬意。后来，图书管理员还为每人送来咖啡、香茶，我真是感到受宠若惊。

之后，我习惯性地拿着卫生纸来到卫生间，方便之后，惊觉右手旁已有质量上乘的卫生纸，唉，原来一切都不用自己操心了……我不由得陷入了思索之中。当我来到卫生间的洗手处，意外地发现了与上述情况截然相反的一幕：这里的香皂被整齐地切成半块，骄傲地躺在香皂盒里……

我又陷入了新的思索……

“北小”处处人性化、人文化，同时又非常节约，这里面蕴藏的是一种理智，不是“乍富”，不是“显摆”，是沉淀，是理性。

“北小”像海，不管你是什么样的鱼，不管你是什么样的珊瑚甚或是砂砾，只要你一进入她，便被包容其中，融入其中，该沉淀的沉淀，该提升的提升，该成长的成长，只要你是努力的，只要你是奋进的，只要你是有心的。

四、沉默的手机

2007 年新年，我将跟随我五年之久的一部老手机换掉了。我的新手机外观小巧，待机时间超长，最可爱的是那能渐强的美妙铃声：既时尚，又妙曼。每当它响起时，总招来艳羡的目光。

到了“北小”，它依然骄傲地响起：第一次是在我听课时响起的。学生们异样的目光齐刷刷地投向我，我赶紧手忙脚乱地把它关掉了，首次觉得那妙曼的铃声竟是这般的刺耳；铃声第二次响起是在八人共用的办公室，所有人都在静静地办公，它忽然就响起了，这一次我耳边响起的简直就是警铃！事不过三，我不能再让它放声歌唱了，我咬咬牙，调成了震动。

但我还是有些不服气，偷偷地留意着“北小”的每一个角落，我就不信我听不到手机铃声。可是真的，上至校长，下至每一位老师，所有人的行动都是悄无声息的。课堂上、讲座中、楼道里……偶尔你也会听到手机铃声，但你不用抬头，就知道那一定是由进来办事的人的手机发出的。

这样，我慢慢地也就服气了，但苦了自己。我总怕误了重要的事，所以时不时地要看一下手机，弄得颇有些“草木皆兵”。但工作迫使我要尽量听到那听不到的“震动”声。

这样过了一个星期，你说说，也就“邪”了，人的听觉竟然是能变化的。原来我认为根本听不到的震动声，现在隔着皮包也能听到，并且还能觉察到它是在快乐地颤动：麻麻地，痒痒地，挠着你的心尖，让你变得心细如丝，洞察秋毫……

渐渐地，压抑转成了豁达，遵守上升为自觉。奇怪的是，之后当我听到在公众场合骤然响起的美妙的手机铃声，我不但感到刺耳，而且会情不自禁地怀念“北小”的安静——那象征着从初始的被迫服从，到后来的认同，再到最后的达成共识的过程。那里展现着师生对规则的遵守和相互尊重。沉默——是一种不可小觑的力量。

五、当你老了——写于“北小”培训满月在即

在我们培训归来时，巴德新老师在车上为我们一行八人朗诵了爱尔兰诗人叶芝的《当你老了》。巴老师读得声调婉转，情真意切，让我们这群年纪不同的女教师感慨颇多。这首诗选自一本名叫《一生必读的156首名诗》的书，是我们在“北小”书斋里借阅的。车上，我们规定每人读一首诗，大家不约而同地选了爱情诗。此时此刻，对丈夫的爱、对孩子的爱、对家的爱、对朋友的爱，都化在这情意绵绵的小诗中，我们不愿打破这一路的甜蜜，暂且让这涓涓的细流滋润大家疲惫的心河吧！

八个人中倩文的年纪最小，二十岁；关娜是新教师，也是年轻党员。她们这个年纪按说是最贪睡的，但她们聪明好学，眼快手勤，深得大家喜爱。

刘老师在我们中年龄最长，已近半百，早晨要骑车半小时才能到学校，这就意味着她比我们至少要早起半小时，但她总说不累，是“北小”分校让她焕发了青春。

巴德新为了参加培训，中年得子的她狠下心来给出生十个月的

孩子断了奶，望着熟睡中的爱子，她每天早出的脚步加倍沉重，她家离学校最远，她的丈夫每天开车送她到校坐班车。

郝老师的孩子和我的孩子每天早晨都要开始习惯自己起床、吃早饭、上学，独自料理自己的生活琐事。尽管我们心里有太多的不忍，但对培训的渴望使我们不得不硬下心来。

高静与公婆住在一起，培训以来，家务活全交给公婆，上幼儿园的儿子的接送工作也全部由两位老人承担。

王爱萍是总校、分校来回跑，哪里有急活哪里干，从未听到过她抱怨什么。

培训以来，没有一个人说苦，没有一个人说累，没有一个人因为私事请假。但我们月落时出，日落时归，对家人、对孩子该有多少愧疚啊！

但，我们把对他们的爱化在去培训的路上，化在早晨那朦胧的月光中，化在笑迎我们归来的晚霞里。我们把这一切都放在心里，用心学习，用心感受，用心体会。不辜负自己，不辜负家人，不辜负领导的信任，不辜负大兴人民对优质教育的期待。把一切爱都物化在我们的行动中，学有所获，学有所成，才是对他们最好的回报。因为这是“大”爱——对事业的爱！在对事业的深沉爱恋中，我们披星戴月，我们抛家别子……但我们充实，我们幸福！

当我们老了，在我们用一生写成的教育诗篇中，将有一节是回忆在“北小”的培训生活的，我想那会是最深情隽永的，因为我们付出了爱，同时也收获了爱。

六、“幸福”的教师

“北小”教师每人每周也就十来节课，上班时间也不是很固定，如果你第五节有课，你尽可以在上午十点以后到，原则只是不耽误上课。班主任早晨要晨检，下午也可以在三点半离校，剩下的时间由生活老师负责。

“北小”教师常年受专家辅导，如杨文荣教授、王春明老师、张光璎老师、张静莲老师都曾来过学校指导，还有“北小”内部的特级教师，只要有教师说一声：“您去听我的课吧。”专家就会来听你的推门课。这是家常便饭。

“北小”教师每人有一台笔记本电脑，备课、课件全在上面，上课时，拿着笔记本到教室里一插，方便得很；学校有自己的教学资源库，每个年级、每个学期、每个学科的教学资源均可共享，教师备课时可拿来一用，还可以修改以适合自己的教学思路……

如果这样的条件给我们学校，我们会不会一下子手足无措呢？会不会徒然浪费了这些资源呢？

我们学校的教师们的答案可能一致为：“怎么会呢？珍惜还来不及呢！那是多么幸福的事啊！”

但是，先不要急着回答。

有过作课经验的老师都有切身体会，不经历摸爬滚打，不经过几个来回，不经过几个不眠之夜，是准备不好一节课的。但是，假如这样的课每星期你都要准备一次，还会由你梦寐以求的专家辅导你，不仅讲一个班，更要讲六七个同轨班，你还会由衷地觉得这是一种幸福吗？你可能犹豫了。

但我看到的“北小”人没有丝毫犹豫，而是习以为常。“习以为常”——这四个字的分量我们要认真地在心里掂量一下：习以为常意味着每天的日子都是由不眠之夜组成的(至少开始的日子是这样的)；习以为常意味着每天奉献给孩子的都是一节上乘课；习以为常意味着每天你的大脑都要高速运转，积极思考；习以为常意味着你要让自己永远是海绵，能不停地吸纳，不断地挤出，乐此不疲；习以为常意味着你要不断地超越自我，为自己不断地抬高标杆；习以为常意味着你的心理要足够健康，不觉得这是压力，而把它当作向前的动力；习以为常还意味着……

此时，你还觉得“北小”人幸福吗？是否要慎重考虑了？

道家创始人老子有句名言："天下大事必作于细，天下难事必作于易。"意思是做大事必须从小事开始，天下的难事必定从容易的做起。"泰山不让土壤，故能成其大；河海不择细流，故能就其深。"所以，大礼不辞小让，细节决定成败。没有严格、认真的细节执行，再英明的决策，也难以成为现实。所以从细节做起，从点滴做起，才会积少成多，获得长足的进步。

感动的湟中县之行

2011年3月14日—17日，我与北京师范大学"明德项目组"的刘嫄嫄一起来到了位于祖国大西北的青海省西宁市湟中县进行实地指导。湟中县位于西宁市西部，人口以汉族为主，还有回、藏、土、蒙古族等。县人民政府驻鲁沙尔镇，距省会西宁25千米。该县地处湟水谷地及两侧山地，由滩地、丘陵中山和高山三种地形组成。

第一天，在青海师范大学的报告厅，我为来自全省的近百名校长作题为《教学管理与教学质量提升》的专题报告。近3小时的报告，听讲者始终精神亢奋，他们强烈的学习欲望感动着我，让我忘记了旅途的疲劳与些许的高原反应，兴致盎然地与当地同行进行着交流。中午，在食堂简单用餐后，我们便随湟中县教育局的领导一起出发奔赴湟中县。湟中县历史悠久，资源丰富，是古代"丝绸之路""唐蕃古道"的重镇，这里山川秀美，景色明媚，交通便利。雄浑博大的自然景观与奇异神秘的人文景观相映生辉，旅游资源极其丰富，旅游条件得天独厚。

第二天7:30，我们便乘车驶往西拉科小学。路上我们听当地的工作人员讲，过去交通不发达的时候，教育局只有一辆拖拉机，每进行一次下校指导，连来带去需要一个星期，真是辛苦啊！到达学校后，稍事休息，我们就到了报告厅，条件还真的不错。我们听的第一节是数学课《三角形的内角和》，第二节是语文课《尊严》。课后我们与老师们进行了交流，这里的年轻老师们看问题的深刻与独到丝毫不逊色于有经验的老教师，我心中由衷地敬佩他们。在进行短暂的评课之后，我们一看时钟已指向 12:30，只好就此结束与老师们的愉快交流。

在刘校长的办公室，我们品尝了用大盆炖的青海居家菜“熬熬(nao nao)”——是用西北凉粉、冬瓜与肉炖在一起，主食是“馍馍”和“面饼”，虽然不是山珍海味，但一股久违的亲切之情从心底蹿升。下午，我们与湟中县明德学校的校长们交流《教学管理与教育质量提升》的话题。本来是小范围的研讨，却被热情的李主任招呼来了近百人，他说昨天听的感受非常好，今天一定让当地的同行们聆听受益，我真是受宠若惊啊！

此次湟中县之行，我心中涌动着最多的情愫是感动：感动于当地教育同行的热情与好客；感动于祖国大西北教育同行的执着与坚守；感动于明德项目管理者的认真与求实；感动于祖国大西北的辽阔与孤傲……

学习雷夫精神的要义

“精神”即内容实质。学习榜样精神，就是领会、运用某个人的立场观点方法，把榜样人物同主观自我高度融合，在具体问题面前，运用榜样人物的立场观点方法来认识问题，形成观念设想，从而指导、支配自身的言行。

学习榜样要思考哪些“精彩”是需要长久学习的。“雷夫精神”最终都可以汇聚到一个根本问题上：运用各种教育行动，整体促进学生的发展，创造适合孩子的教育。

诚然，“榜样的提出者总想把影响力尽可能扩大，但榜样的具体性又限制了各种学习者学习榜样的可能空间”[①]。如果我们不正视这一问题，不去关注“雷夫所在的社会、教育与家庭”，以及雷夫“提出了明确、针对学生而又具有个体性与时代性的立体教育目标”“开发了个性化的教育内容体系”“改造和创造了独特的教育途径与方法”“修养了高尚的教育热情与道德”等实质[②]，就会蹈入“学习雷锋三月来，四月走”之辙，从盲目崇拜、邯郸学步，到流于形式，不去深层研究榜样的精神要义是什么。而不是当出现雷锋骑摩托车在天安门前的照片后，我们才去立体、全面、客观地认识榜样，冷静反思榜样带给我们的力量到底在什么地方。

我亲身参加了雷夫在北大百年讲堂的演讲活动，活动间隙，主办方安排了多次小学生与雷夫的互动：为雷夫献画像、剪纸，为雷夫朗诵诗歌，向雷夫提问题……不管什么样的形式，只要有孩子出现，雷夫的两眼几乎是在刹那间就闪烁出喜悦的光芒，脸上绽放出纯真的笑容，而为了能够与孩子平视，身材高大魁梧的他，也总是那么自然地、毫不做作地单膝跪下，把自己放到与孩子等高的位置。他的真诚让我听懂了他的“科尔伯格道德发展六阶段理论为基础指示学生道德自主发展的路线”“魔鬼式训练方式”、以篮球教练伍顿的学习四法则为基础提出学生学习的“8 法则”、以“班级经济体系”进行算术和经济教育、以电影和旅行辅助阅读并扩展视界……

雷夫让我们学习的精神是什么呢?

我们必须认识到其社会背景和价值观，不可移植也不可复制，只有“深刻理解教育榜样”才能“把握住积极的方向”。我们要学习的是他“如何构建立体教育目标的思路”“如何通过改造他人经验创造个人经验的做法”“对教育的热情与投入”……

真正能感染大家的是那些闪耀人性光辉的人。雷夫自己是一个

---

①② 余清臣：《学习教育榜样：以雷夫为例》，载《班主任》，2012(11)。

幸福的人：认识到教育的意义，为理想甘坐板凳十年冷；孩子成功后反馈于他内心的成就感；得到认可与质疑都坚持的充实……如果我们真想让我们的老师学习雷夫，就要带领他们深刻体会其精神要义，才会产生长久的效力。免得一叶障目，看不到那一片郁郁葱葱、生机盎然，足以震撼人心的广袤的森林。

第九章　生活教育之思

学习的味道

学习是什么味道呢？有的同学说学习很“甜”，因为可以体会主动探究知识的惊喜，可以体会探索事物规律的惊喜，学习中可以拥有小发现、小发明，可以体会学习后的成就感、荣誉感和幸福感。所以，“学习的味道”是“学会学习”。

想品尝到“学习的味道”就要自己主动学习，而不是被家长、老师催促强迫着学习，所以，学习的味道是“会学习的好习惯”。

想品尝到“学习的味道”就要努力探寻知识的规律，做学习的有心人，而不只是做知识的容器，所以，学习的味道是“持续而强烈的兴趣”。

想品尝到“学习的味道”就要感受自己在学习中不断成长，品德在不断地修正，学识在不断地增长，身体在不断地健壮，思维在不断地敏捷，知识在不断地丰富，让自己不断地融入社会，让自己的心胸更加宽广……到小学毕业时，我们一个个都会是“品德正、思维敏、学识广、体魄健、格局大的少年俊才”。

“学习的味道”是深刻的，是要我们用心去感悟的，也是需要我们努力去实践的。让我们和我们尊敬的老师、亲爱的学校一起，打好人生的基础。让我们一起认知世界、了解世界，学会与世界相处，与自然相处。让我们为未来的生活能用自己的本领去创造，为让未来的生活有“幸福的味道”而努力！

教育有道

——从“百利哇”想到的

“妈妈，我要买‘百利哇’!”“什么东西？不给买。”——上小学二年级的女儿提出的要求被我简单地处理掉了，我甚至没有问那叫“百利哇”的是个什么东西。

三年后，一次逛超市，已读小学五年级的女儿兴奋地指着货架上外包装形态各异的“饮料”大声地说：“妈妈，这就是‘百利哇’!”我心里暗暗吃惊，到底是个什么东西纠缠了我女儿三年？定睛细瞧，咳，敢情是一种有多种味道的饮料！和别的饮料的不同之处在于：瓶子太别致了。瓶身凸凹有致，最夺目的是瓶盖，竟是模仿卡通片中形态各异的动物头做成的，而且这个“瓶盖”竟占去整个瓶子的三分之一，既夸张又可爱，我不由得暗暗佩服女儿的眼力：“瓶子”太吸引人了！但不知什么在作怪，我冲口而出的竟是：“就这东西，有什么用。不就是含糖饮料嘛!”“可瓶子太漂亮了！我不喝饮料，就要那个瓶子还不行吗?”女儿有点乞求道。我的心当时一软，就当玩具买吧。一看标价，一小瓶饮料竟卖到 16 元左右，太贵了！“不买，你要是喜欢那个瓶子，还不如咱们去买名牌玩具呢!”尽管女儿嘟着嘴，我还是不愿意给她买那个“饮料瓶”，而是兑现了刚才的诺言，给女儿买了一个她特别喜欢的芭比娃娃。看着女儿欢天喜地的样子，我以为这件事总算过去了……

今年新年，已上初一的女儿随我一同购买年货。我俩在超市里不同的通道挑选着心仪的商品。“妈妈!”女儿忽地跳到我眼前，调皮地举着一堆食品：“薯片！海苔！巧克力……”看到我没有反对，女儿又乐颠颠地“海选”去了，不一会儿，只见女儿扭扭捏捏地过来了，双手还背在身后面。我正纳闷，忽见女儿右胳膊一抡，把手中的东西在我面前一“竖”：“妈妈。你——看!”待我仔细一看：“狼”头形状的“百利哇”！我的心不由自主地“揪”了一下——这么多年了，为什么还没“过去”呢？“行——吗?”女儿嘴巴张得大大的，夸张地说。我这次不再说什么，一连声地应诺：“行行行!”女儿一副完全没有料到的神情，说道：“真的?!”我“轻松”地点点头。“那我可真的买了?”女儿心有余悸。“啰唆!”“哈哈……”看着已和我差不多高的女儿拿着“狼头瓶盖”形状的“百利哇”那心满意足又欢天喜地的样子，我竟有“赎罪”般的感觉，唉!

如果事情就这样结束，我的心里也就坦然了。但接下去发生的事情，却让我至今都难以释怀!

接下去的几天里，女儿并没有像我想的那样对那个“狼头瓶子”爱不释手，而是把饮料喝光后，随意地搁在餐桌上……也许是“理亏”吧，我也不敢去碰那根“敏感”的神经。半个月后，我整理家里的废弃物，“你这个‘百利哇’瓶子还要不要?”我装作“漫不经心”地问，女儿同样是漫不经心的回答却让我的心里炸响了春雷：“卖了吧。”

从小学二年级到小学五年级，再到初中一年级，女儿对“百利哇”从“苦苦”向往到热切期盼，直至最终的漫不经心，这其中态度的转变，让我深深反思。

一、“啐啄同时”

母鸟全心全意孵蛋，蛋中的小鸟即将出世时，不但小鸟会在蛋中拼命啐，母鸟也须从外以啄将壳啄破，来帮助小鸟出壳。这一啐一啄的同时，便是新生命产生的时候。如果啐啄不在同一个时间，小鸟可能有生命危险。教育首先是一种情感的交流。情感是动态的，又是依当时的情景、条件、地点、时间等不同而变化。选择不同的时间进行教育，其效果往往是不一样的。只有把握“啐啄同时”的良机，我们才能收到事半功倍的效果。

在以上的案例中，这“啐啄同时”的良机被我轻易地浪费了，而且是一而再，再而三。直到女儿已对“百利哇”不再珍惜。

在教育的内部与外部环境还不尽如人意的前提下，很多老师常常抱怨现在的学生难教。确实，教育不是一件简单的事情。可是，如果我们能处处留心观察，准确捕捉“啐啄同时”的教育时机，适时地对学生进行引导和教育，完全可以采摘到教育成功的果实。教师教育学生，也须具“啐啄同时”之眼。当学生有“啐”的能力时，为师的必须把握住这一瞬间和机遇，以“啄”的气势，帮助其开悟。

二、“热炒热卖”

著名心理学家罗西和亨里曾做过一个心理实验。他们把一班的学生分为三组，每天学习后受测验，研究者对第一组每日告知其学习成绩；对第二组每周告知其学习成就；而对第三组，则没有进行任何报告。这样进行了八周以后，调整了方式，除了第二组学生仍旧每周知道自己的学习成绩以外，第一与第三两组的情况对调，即研究者对第一组不再报告学习成绩，而对第三组每天学习与测验之后，告知其学习的成绩。如此再进行八周。这一实验表明：每日及时反馈学习结果，较之每周反馈，学习效率更高；不知道自己的学习结果，会缺乏学习的激励，则很少进步。由此可见，不管是表扬还是批评，都要“热炒热卖”，避免“秋后算账”和“算总账”，要做到及时奖惩，赏罚分明。对于学生每一次正确的回答、认真的作业、良好的表现，教师都应该不失时机地给予鼓励和表扬，哪怕是一句简单的话语，一个赞许的目光，都是对学生的极大鼓舞，有利于培养学生积极的自我接纳态度，感受成功的愉快，体验不断进取的乐趣，从而不断增强自信心，激发学习的内在动力。

在以上案例中，女儿在二年级时的一个要求，被我简单地处理掉了，女儿没有得到及时反馈。我甚至没问问她“百利哇”是什么？她为什么喜欢？而到了她五年级，我在得知她只是喜欢“百利哇”的瓶子时，仍旧没有予以重视，虽然花了更多的钱买了女儿更喜欢的芭比娃娃，也无法给她“满足感”，因为这个反馈“南辕北辙”。

我们再来看教学中的几个片段，同样说明及时反馈评价的重要性。

教学片段一：北师大版三年级语文课文《圆圆的沙粒》。

师：沙粒怎么说？

生：沙粒十分真诚地向同伴们说：“我要变成一颗珍珠，成为有用之材。”

师：“真诚”是什么意思？

生：诚实。

师：（不置可否）

教学片段二。

师：从“坦然”一词中，你明白了什么？

生1：沙粒很快地钻进蚌壳里。

生2：沙粒很自然地钻进蚌壳里。

生3：沙粒钻进蚌壳里，感觉很舒服。

师：（不加评判）

教学片段三：人教版四年级语文课文《观潮》。

师：看了“观潮”这个题目，你想知道什么？

生1：观潮在哪里？

生2：观潮是什么样子的？

师：（未加点拨）

课堂上，教师要尊重学生，要鼓励学生自由地、富有个性地表达，然而，我们千万别忘了“及时评价”。教学片段一中，学生对“真诚”的理解显然是错误的，教师就应进行表态，给学生正确的理解；教学片段二中，第二位学生的说法比较合适，其余两位学生的说法有误，教师应引导学生进行比较；教学片段三中，学生的表达极不规范，教师应引导学生进行规范表达。在课堂教学中，教师要敏锐捕捉学生在表达过程中出现的问题，在学生表达不规范时及时点拨，在出现多种说法时引导比较，在学生表达不准确时进行表态，为提升学生的素养导航。

评价反馈及时不仅能促进孩子对知识的获得与发展，呵护孩子的自尊，发展其积极的学习态度，同时还能拓展孩子的思维空间，激发孩子的灵性。

三、契合需求

卢梭曾举过这样的事例，有的孩子竟想叫人一下子把房子推倒，竟要人把钟楼上的风标拿下来给他们，竟要人拦住正在行进中的军队，好让他们多听一会儿行军鼓声……他们偏要那些不可能得到的东西，从而处处遇到抵触、障碍、困难和痛苦。他们成天啼哭，成天不服管教，成天发脾气，日子就是在哭泣和牢骚中度过的，像这样的人是很幸福的吗？

从这个角度想，我的女儿买“百利哇”的要求没任性到这个程度，应该算是一个合理需求，因为这一要求不是很过分，对旁人没有伤害，她也没有因无法得到而有哭闹、发脾气的现象。所以，主要原因在于我没有充分重视这一需求，而是找了很多借口予以拒绝，如“太贵了”“含糖饮料”“不是正经玩具”……致使孩子对于花了五年才到手的“百利哇”淡然弃之。

由此我想到教学中的一个常见现象——“小红花”有时并不比“由衷的掌声”威力大！一个主动的握手会让孩子内心无比温暖！所以我们应该留心学生的合理需求，并利用这一需求展开教学。比如：研究和挖掘教材中促进人性发展的因素，满足学生亲身体验的需要；为学生提供丰富的学习材料，开发学生的潜能，满足不同层次学生的心理需求，为学生提供更多的思考与探究的空间；改变教材的呈现方式，对教材合理地进行增、删、调、补的深度加工，对学生的学习材料进行创造性的设计，满足学生对知识的现实需求。

女儿漫不经心的一句“卖了吧”至今令我心存余悸，作为母亲，我还有一层隐忧：我这样做会不会挫伤女儿热爱生活，对周围事物充满兴趣的天性？作为老师，我们每天都要教育学生，每一次的“作为”又是否会挫伤他们的学习积极性、学习兴趣呢？比如老师们都喜欢用“下马威”来镇住学生，然而这样的做法究竟是利大还是弊大呢？学生在各式各样的“起跑线”上会不会丧失信心？作为母亲，担心一次“失当”的教育行为会对女儿造成伤害，产生切身之痛，那么作为教师又应如何做呢？

看来，教育里的“道”真是太多了，需要我们不断地研究和探讨。

（此文发表于《现代教育报》2011 年 4 月，收录时略有改动）

与西部教师的对话

2007 年暑期，我非常荣幸地参与了教育部基础教育课程教材发展中心开展的“暑期西部农村教师远程培训计划”，与付宜红处长、李明新校长共同录制小学语文远程培训课程。培训课程在中央电视台教育频道播出。以下是我与西部教师就语文教学中的一些问题进行的对话。

问题一：为了体现学生的主体性，课堂中，教师能不能讲授？

教师恰如其分地讲是必要的，只要不是串讲，像今天这节《三顾茅庐》，教师循循善诱地讲解，理解刘备对诸葛亮“诚心诚意”，理解刘备的求贤若渴，让学生逐渐走进人物，对我们就很有启发。

教师要明白，体现学生主体性不是完全放手，因为我们的教育对象毕竟是儿童，他们在人生阅历上，知识广度上以及对人、事理解的深刻性上，都需要我们当教师的进行启蒙。

问题二：教师的作用有哪些？

捕捉学生发言中信息，提示学习方法。

我们一起回顾一下师生的对话。

情境一。

生：是普罗米修斯热爱人类的心和找到火种那坚定的信念在鼓舞着他，他真伟大，令我敬佩。

师：看来，她能够联系上下文来谈自己的理解，这样的理解就透彻多了。

情境二。

生：他可是寻找了几千次、几万次了呀，他在偶然的情况下，发现了火种。

师：你从哪儿看出来的？

生1：在这之前，找了很久(说明有几千次、几万次)，以及在海边行走时发现的(说明是偶然发现的)。

生2："人类必须有火！"这句中的"必须"这个词也表明了普罗米修斯有坚定的信念。

师：你抓住了关键词、重点句，这是很好的学习方法。

情境三。

生："人类必须有火！"中的"！"也表明了他的坚定信念。

师：看来，你读书很仔细，连一个标点符号都注意到了。

情境四。

生：有火就能做熟食，就可以让我们活得更长命一些。

师：看来你还能联系我们生活中的经验来理解。

经过教师的指导，学生不仅理解了"人类必须有火"的含义，理解了普罗米修斯克服重重困难，终于带来火种的艰辛，以及普罗米修斯为完成使命的坚定信念。同时，学生也知道了通过什么样的学习方法(联系上下文，找关键词重点词，体味标点用法，结合自己的生活实际等)就能帮助自己更好地理解课文。潜移默化中，学生对写文章的方法也领悟了一些。

问题三：什么是自主学习？

我们来看一个反例：我曾听过一节课，因为一直强调学生的主体性，教师足足用25分钟进行学生读书、交流、小组讨论，接下来的汇报也是各组之间说说而已，课堂上完全是学生“一边倒”。这表面上看倒是书声琅琅、热热闹闹，但学生的学习到底是在一种什么状态上？对文章的理解到达了什么程度？我们无从知晓。如果是这样进行教学，学生完全可以在家学习，自己看书。

问题四：课堂中师生如何互动？

教师要努力营造学生自由表达的氛围。比如：教师走到学生们中间；学生的作文片段由学生自己走到台前念出来；布置可小组合作的座位。教师应不断地鼓励学生想象，拓宽学生的思路。

当开始交流时，教师可与学生做如下交流。

方式一：你们小组推荐的谁？（教师与学生商量，平等交流）

方式二：他们的回答有哪些值得我们借鉴的？（充分肯定学生的优点）

方式三：其实你可以把你刚才这段话补在你的作文里面。（教师多说建议式的评语）

当又一组同学汇报时，教师可与学生做如下交流。

方式四：我们一起来欣赏一下吧，经过你的介绍，我们都有些迫不及待了。（教师不断地激发学生的学习兴趣）

当学生提出不同意见时，教师可与学生做如下交流。

方式五：你能接受（他说的）吗？你接受这个建议吗？你再来自己说一说。（教师鼓励学生各抒己见，体现民主、平等）

在这个教学片段中，教师和学生之间、学生和学生之间的互动也很充分。

师生之间的互动如下。

教师与学生一起互议互评。

第一个学生给妈妈买《读者》作为礼物。

师：他的做法有哪些值得我们借鉴的？

生1：他的心理活动写得很好。

生2：他想到“妈妈躺在床上看书；送到妈妈手里时，妈妈一定很高兴”。

生3：他用上了排比句：“想到了……想到了”。

在学生的自由表达中，老师给予适当点拨。

师：你当时为什么想到买《读者》这份杂志(做礼物)呢?

生：买其他礼物太平常了，过去的母亲节我都已经买过了，我这次想送她别出心裁的礼物，于是就想到了这本杂志。

师：其实你可以把你刚才说的这段话补在你的作文里面。

针对学生作文中缺少细节描写，老师和学生互动方式如下。

师：你为什么送这么特殊的礼物?

生：我想让爸爸感受到我对他的爱。

师：我很想知道你当时是怎么想的呢?你可以写出自己透过这个礼物所了解到的，理解对方的心意的心情。

教师不留痕迹的点评，更易于学生接受，而不是说“我告诉你，你应该这样写”，这样，学生不仅可能不接受，还可能失去对写作文的兴趣。

问题五：生生之间如何互动?

教师应该努力营造自由表达的氛围，让学生在轻松愉悦中乐于发言，乐于说出自己的观点，没有什么顾虑；在师生互动的时候，教师要走到学生中间，蹲下身来，与学生平等交流；在生生互动的时候，引导学生让互动在十分友好的气氛下进行。

方式一：先让学生在小组内主动地与他人交换修改。

方式二：然后小组内交流后，民主推荐，并说出推荐理由。

方式三：接着进入互议互评，汲取他人优点。

当学生读完“为爸爸做一道菜”这个礼物时。

生1：自己送这么特殊的礼物可以让爸爸更好地感受到爱。

生2：(给建议)今天的菜一定很好吃，吃菜的感受他没写出来，应该具体写。

还有的学生提示“标点”如何用会更好。

问题六：如何进行小组合作学习？

教师给了小组共同的奋斗目标：再给两分钟大家会表演得更出色。

我在这里体会到的这位教师对学生的要求是：认真读书，然后表演，而且还要出色。

表演完后，教师对四个小朋友这样说的。

师：你们四个人刚才进行了很好地配合，大家来给他们提提优点。

此处教师在请学生评议。

由此，我想到几个教学实例。在教授二年级的口语交际课《传话》时，我也给了每个小组一个共同的任务：传话。要求：只许悄悄说，不能让别的同学听到；由小组中最后一个学生说出传话的内容；出现误差了，大家共同寻找原因“话为什么传错了”，看问题出在哪里。传话的方法确定了，应该注意的事项也找到了，然后开始组织比赛，比赛后请获胜的小组讲一讲他们的经验，大家共同评议。这节课上，学生的传话、寻找问题、讨论解决办法、进行评价这些环节，都是在小组内进行的，学生们充分交流，既锻炼了口语交际的能力，也锻炼了与人合作的能力。

在学完《负荆请罪》这篇课文后，学生发现他们的课外读本中有关于这篇文章的一个小剧本，这令学生的兴致非常高，跃跃欲试，很想自己演演其中的角色。教师因势利导，组织一个小型的课本剧表演。教师也对所有参加表演的小组有一个共同的要求：台词不能照着书念，语气要符合人物身份。几组同学表演后，教师组织大家集体评议。主要就是评价演员的语气是否符合人物身份，台词是否照书念。

我还想到一个实例，北京版小学语文教材二年级下册中有篇课文叫《猫头鹰能当劳动模范吗》，这篇课文用问题做题目，结尾也用这句话收束全篇文章。

教师上课就组织学生根据课文内容讨论，议题就是——猫头鹰能当劳动模范吗？可以有不同意见。教师要求学生在汇报时，先朗读书中有关的段落、语句，然后把小组内的意见提出来。

学生的意见一：猫头鹰不能当劳动模范——形象丑，有损鸟王国形象；白天睡大觉，太懒惰……

学生的意见二：猫头鹰能当劳动模范——选劳模又不是选美，不能以貌取人；猫头鹰晚上工作，是由它的生活习性决定的……

学生读起课文来可认真了，讨论的时候也很热烈。所以，定下共同的学习任务，有针对性地进行学习评价，都是促进小组学习更加有效的基本操作。

27年的知音，恍若“穿越”……

近日，偶然翻看网页，竟然发现了写我少年时代的一篇文章。而且，还披露了一桩我至今不知道的往事，让我感怀、感恩，感叹人生之不可捉摸。27年了，您在哪？不曾谋过一面的伯乐啊！

这一切都要从我写于1980年的这篇文章开始讲起。

新年的礼物

白纯舵

新年来了，新年来了，新年老人轻悄悄地来到了我们中间，新年老人啊，您给我们带来了什么礼物呢？

啊！看见了，看见了，鲜艳的花，红的像火，粉的像霞，白的像雪，五彩缤纷，争芳吐艳。园子的菜，田野里的小草，嫩嫩的，绿绿的，瞧去一大片一大片满是的。风轻悄悄的，草软绵绵的。

啊，又看见了，太阳红红的脸，漫天地撒下金光，茂盛的树冠像一把大伞遮住阳光，阳光却调皮地从树叶的空隙里钻出来，使地上呈现出斑驳的金花。绿油油的麦子齐刷刷地长着，农民伯伯的眼里开出了“花”。

啊！又看见了，金黄的稻穗垂着头，红红的高粱笔直地站着，像保护秋收的哨兵，清澈的小河哗哗地从远处流来，一直伸向地里，蓝蓝的天空飞着南归的大雁。

啊！又看见了，漫天飞舞的雪花，树枝上毛茸茸的雪条儿，河上晶莹的冰层，田野上厚厚的雪被，大地山川，如粉妆玉砌的世界，真是玉树琼枝，掩映如画。

新年爷爷！感谢您给人们带来了新年的礼物。小朋友可以在草地上打滚；可以在小河里游泳；可以饱尝多汁的水果；还可以拍雪人、滑冰。对了，还可以……还可以……

“新年爷爷，您只带来这些吗?”我天真地问。

“不，还带来了和平、幸福、安宁。”新年爷爷爽朗地笑着说。

我又问：“那，给我们这些孩子们带来了什么呢?”

老爷爷笑着说：“给你们带来了诚实、勇敢、一百分。”老爷爷说完，放下礼物，轻轻离去，帽子上的“一九八一”闪着金光。

我思考着老爷爷的话，是的，诚实、勇敢是我们终生修炼的美德。那一百分呢？就是刻苦、勤奋、毅力、汗水的结晶吧。我衷心地感谢老爷爷。新年老爷爷啊，您不仅带来丰收的喜悦，更带来精神的力量。我诚恳接受您给我们这一代的礼物。等到明年新年来到时，您一定会捧着更珍贵的礼物来到我们中间，那时，我把我的“三好奖状”也捧到您的胸前。

人民教育出版社马执斌老师曾经写过一篇名为《命题绘画先立意新颖巧妙得第一》的文章。文章里是这样写的。

我原来在北京市大兴区教师进修学校工作，后来调到人民教育出版社工作。有一次，我回原单位去看老同事。正赶上语文组的同志们为全区初一学生作文竞赛阅卷。作文竞赛的题目是“新年的礼物”。绝大多数学生把题目理解为“新年到来之际，爸爸、妈妈送给我礼物，表达他们的美好祝愿”或“在新年即将来临时，我给老师、解放军叔叔送去礼物，表达自己对他们的敬意”，来写一篇记叙文。只有一位叫白纯舵的学生，她采用拟人的手法，把新年视为岁月老人，用散文的形式，写出这位岁月老人在新的一年中送给人们的礼物。在春天里，他把可心的绿色和五颜六色的花朵无私地奉献给人们，让人们尽情享受春的绚丽。在夏天，他把光与热慷慨地奉献出来，让花草树木葱茏，让人们在清波中嬉戏欢乐。在秋天，他使累累果实成熟，让人们品尝佳蔬的美味、瓜果的甘甜。在冬天，他派纷飞的瑞雪降临人间，让人们享受堆雪人、滑雪橇、制冰灯的乐趣。最后表示，我们不应辜负岁月老人的盛情，我们要加倍努力地工作、学习，用最优异的成绩回报岁月老人。这样一篇立意新颖巧妙、不同凡响的文章，突破了人们的思维定式，起初连阅卷老师都认为文不对题，给放入劣等堆中，只有一位语文教研员心存疑虑，可是又拿不准。他见我来了，把这篇作文让我看，问我怎么样？我很欣赏这篇作文。后来，阅卷的教师经过重新讨论，充分肯定了这篇文章的价值。白纯舵同学在这次作文竞赛中获得头名奖励。[①]

后来，曲曲折折地，我与马老师终于联系上了，在电话里我们就像演“穿越剧”似的聊了很久，我幸福得想哭……

我找出父母珍藏很久的已经发黄的当时的报纸，在泪眼蒙眬中将文字敲入电脑，为那曾经的少不更事，也为那份难得的知遇之恩……

若得蜂蝶慕幽香

欧洲有一则童话：一口不深的井里，住着一条鱼和一只青蛙。青蛙除了坐井观天，还经常跳到井外，去看看外面的精彩世界。鱼对此十分羡慕，请求青蛙讲一讲外面的新鲜事。青蛙便讲起了见到的牛，说：“牛真是一种奇怪的动物，头上长着两只角，肚子的下面长着四条

① 参见人民教育出版社官方网站，马执斌《命题绘画先立意 新颖巧妙得第一》，引用时有删改。

腿……”鱼边听边按照自己的经验和理解想象着牛的样子，鱼的脑海中便出现了鱼头、鱼身、鱼角，鱼肚子下有四条腿的“鱼牛”。

稍微留心就不难发现，在鱼的脑子里之所以会出现“鱼牛”景象，原因无外两条：一是信息不足。青蛙不可能通过口语把自己所见的牛的外在表象全部传达给鱼，在传达的过程中肯定会丢失一些丰富的细节，留下不少空白。于是，当鱼把获得的听觉信息转化为视觉表象时，信息量就严重不足，为视觉表象的“误构”留下了广阔的空间。二是认知心理的原因。学习者在接受新信息后，往往是根据自己的已有经验和认识，对新信息进行对比、分析、批判和重构，从而形成自己对新信息独特的理解和判断。鱼所构想的牛的形象，自然会深深打上自己的烙印。于是，“鱼牛”的出现也就不足为怪了。所以信息不充分或心理认知不健全，都会导致实际的东西变了样。因此，在教育中，需要我们克服这种情况。尽可能给予学生充分的信息，或带领学生实践考察，而不是抽象讲解。比如学生没有看过春天里的油菜，那是不是可以组织学生去参观一次，通过这次真实感受，获得语文学习的素材，而不是通过教师的描述、学生的想象，不然又会出“鱼牛”现象了。

■ 韧、刚、柔

——我的教育之歌三部曲

一、韧——成如容易却艰辛

1994 年，刚刚工作 8 年的我凭借独具特色的音乐课教学，被破格评为小学高级教师。我的音乐教学多次获区级一等奖，或进行市级展示，此时的音乐教学对我来说可谓驾轻就熟。2000 年，基于学校发展需要，学校缺少一名有冲击力的语文骨干教师，因为语文学科是小学的大学科，校长说我有语文天赋，让我改行教语文。担任学校教导主任工作的我面临新的挑战，要走一条充满艰辛的登攀之路。

(一)身手小试

为成为一名出色的语文教师，我买来《叶圣陶语文教育文集》、韦志成的《语文教学艺术论》和钱梦龙的《导读的艺术》等教育理论书籍，千方百计挤时间阅读。半年下来，《导读的艺术》被我翻得起了角。一次，我给学生讲《义犬复仇》一课，当读到“义犬为主人复仇等了八年之久”这一段时，我发现学生读得不到位，感情进入不了角色，于是，我对同学们说：“你们读得很好，连老师都被感动了，我也读这一段行吗?”同学们大声说：“行!”心里却在等着我这个半路出家的语文教师“露怯”，我极富情感地轻声读了起来，当我读完课文后，教室里一片寂静，我的心一下子提了起来，难道……突然，教室里自发地响起一阵热烈的掌声，随后，学生们读课文时明显感情到位，对课文的理解也加深了。课后，校长表扬我，说这是他到北京市大兴区黄村镇第一中心小学后听到的最好的一节语文课。

(二)铁杵磨针

钢在火中淬，刀在石上磨。在课堂教学的实践中，我的语文教学艺术日臻完善。我对语文教学的一些思考也随之付诸笔端。在讲完《义犬复仇》后，我写了一篇课后反思——《我以我心读文章》，第一稿写好后，我拿给校长看，校长看后提出许多思考性问题，我当天就利用晚上时间修改了一遍；第二天我又给校长看，他又提出一些问题，我又再次修改……就这样，我前后反复修改了 7 次。2002 年 10 月，我的这篇文章在《大兴教育研究》上公开发表。我区教育前辈、大兴师范资深教师刘宗武老先生看了这篇文章后赞叹不已，以《语文教师的情、识、艺》为题写了一篇评论在《大兴教育研究》发表，密云区教育刊物——《密云教育》转载了我的呕心之作，这一切使我备受鼓舞。我一发不可收拾，在近三年时间里，相继在《班主任》《北京教育研究》等书籍、报刊上发表研究成果，我的《浅谈小学语文阅读教学中的“以读为本”》等研究成果也因为立论新颖、论据翔实、文笔清新相继在全国小学语文教学研究会、北京市小学语文研究会组织的论文评选中获得一等奖。

(三)天道酬勤

2006 年 4 月，北京市大兴区要举行首届“秋实杯”教师课赛。这次课赛无论是对于刚刚成立的北京小学大兴分校，还是对于语文教学方面起步较晚的我，无疑都是非常重要的。“打铁先要自身硬”，我作为一名教学管理干部，必须要有深厚的课堂教学业务功底，才能有指导教学的主动权和发言权。我报名参加比赛，想的不是个人的荣辱，因为我们学校的教师选拔于全区各个学校，我要站在讲台上接受大赛的洗礼和锤炼，要在学校发展中带一个好头。

每天一大早我要带队到北京小学培训，连日下来，身心俱疲。那就只有用晚上的时间揣摩、备课，直到深夜，还要抓紧时间向身边的人虚心请教；星期天我到学校练板书，对着空旷的教室讲课；在练习课文中的重点句“一只个儿特别大的老天鹅腾空而起”时，我拽着女儿和我一起寻找师生互动的感觉，直到女儿一屁股坐到地板上，大声喊着：“妈妈，饶了我吧，您一晚上尽是‘天鹅腾空而起’了，我真的累了!”我才罢休。功夫不负有心人，我终于找回了在课堂上那如鱼得水的感觉。在高手如林的全区 27 节语文参赛课中我获得了一等奖的第一名。至今，这节课仍被市区专家们津津乐道，被称为“工具性与人文性结合得较好的经典课例”。

2006 年，我入选“大兴区名师讲学团”。每一次外出讲课，我都会认真琢磨，甚至在走路、吃饭时都想，一天入睡后，突然一个灵感“蹦”出来，我马上翻身起床，记录下来。完了一看时间，2:50，自嘲一笑。勤能补拙，正是由于我的不懈追求，我获得了“高点击率”，我的教学在全区得到了广泛好评。2007 年 5 月 19 日，我站在市级名校北京市朝阳区芳草地国际学校的讲台上，为全市语文市级骨干教师做观摩课。经过磨炼的我，现在能自信地站在北京小学的讲台上，面对北京小学的多名特级教师——张光璎、李明新、王春明、吉春亚，勇敢地接受他们的指导，这在以前，可是想都不敢想的事。

(四)玉汝于成

2007 年暑假期间，我非常有幸地参加了教育部基础教育课程教材发展中心新课程远程研修项目的录制工作，受教育部基础教育课程教材发展中心付宜红处长和北京小学李明新校长信任，我和另外两名北京小学大兴分校教师一起参加 4 个板块、共计 160 分钟节目的录制工作。我们要在两天时间内看完几十张课例光盘，还要从不同角度写出自己的感受，时间紧、任务重。为了给另外两名教师腾出更多的时间，拿到光盘后我决定连夜看，承诺早晨 8 点将光盘交给他们。

夜半，为了看准画面，听清声音，我决定用电视和 DVD 机看；为了不影响女儿、丈夫睡觉，我只得趴在地板上，凑在屏幕前，一句一句记录光盘中师生的对话、教师的一颦一笑，甚至每个细微的动作……夜越来越深了，我不禁困意袭来，脖子酸痛，只得“按下暂停键”，原地趴着打个盹儿。睡梦中，我对老师们的承诺在耳边炸响，我一激灵，睡意全无。当我看完最后一张盘，打开窗帘，盛夏的阳光竟一下子闯进了室内，我慌了，连忙看表：早晨 6:50。当我匆忙赶到学校，把一袋子光盘准时交到那两位教师手中，他们注意到了我苍白的面容和熬红的双眼，我轻描淡写地说：“抓紧时间，明天下午我们要与李明新校长对脚本!”“您放心吧!”我看到了两位老师眼里的泪光。

稍事休息后，我准备着手整理手中的素材。恰在此时，校长打来电话说：“马上有一个事关学校发展的大事需要我们领导班子一起去外地出差一天……”我整理好笔记本电脑，拿着文稿，匆匆踏上行程。因为第二天下午我们要和李明新校长对脚本，我就在后半夜起床，在键盘上敲打着我的心得，第二天上午我处理完事情后，中午没顾得上吃饭，便马不停蹄地在下午 2:30 准时赶到学校，与李校长研讨脚本，掐算每个人的发言时间。那天，李校长对我看课的细致入微大加赞赏！因为只有这样，我们才能为大西部的农村教师们做直观的、切实的辅导。

录制当天，我们早上6:40就赶到了中央广播电视大学，适应环境后，7:50准时开始录制，由于我们准备得充分，每个人的发言时间经过了严格的把关，全部节目不到11点就录完了，是所有培训项目中录得最快、最顺利的。光盘的审定一路顺利过关，最终送到时任教育部部长周济手里审定时，一次通过。于2007年8月19日—22日，在中央电视台教育频道向祖国的大西部播出！我们曾经的辛苦都化作了幸福的笑容。

一分耕耘一分收获。2002年以来，我两次在大兴区小学教师基本功大赛中获一等奖；2002年，我被评为“大兴区小学语文骨干教师”(结束了我当时所在的学校没有区级学科骨干教师的历史)；2003年，我被评为“大兴区小学语文学科带头人”；2004年，我被评为“北京市小学语文骨干教师”(实现了学校市级骨干教师“零”的突破)，3年三“大步”；2004年1月，在学校研究型教师评选活动中，我被评为“首席研究型教师”。

二、刚——看似寻常最奇崛

(一)拼命三郎

为按照北京小学品牌标准打造、建设学校，2005年暑假，在学校没有总务主任的情况下，我除了负责教师招聘、招生、教学管理等常规工作外，还要和校长一起抓校园改建工程。跑工程立项，做数不清的报表。一次，我为了赶报表，夜里2点还没有回家。因为一连熬了几个晚上，我写着写着竟拿着笔睡着了。当我回家时，小区的电子门紧锁，平生都没有爬过墙的我只得吃力地翻越铁栅栏，当时也没觉着疼，第二天早晨我才发现大腿被划伤了。这一年的整个暑假我没有休过一天，连星期天也很少休息。

从2002年到2005年，我累计义务加班200多个工作日。2005年7月，我调入北京小学大兴分校后，加班时间更是不可胜数。每年暑假开始就是我新学期工作的开始。2006年，我的学校从两个教学班增至14个教学班，为保证学校开学后能够正常运转，做好应有的物质准备，我在暑假当中，与领导班子一起精心设计、反复论证集体办公的可能性，并在军委电台的大力支持下，自力更生，走网线、电源，建立网站，为学校节约资金两万余元。为了逐步加强校园文化建设，我更是身先士卒，一次，为了迎接区级安全检查和区级德育视导，我两天只休息了3小时。

(二)殚精竭虑

帮助青年教师更快地适应工作岗位，是我工作中的重点。王娜是一个参加工作不到两年的新教师，为了帮助她成长，我坚持跟踪听课，全程指导。2005年，她报名参加了大兴区小学“新星杯”青年教师教学基本功展示活动，开始时，王娜总是进入不了状态，我约她星期天到学校对着我一个人试讲，在空旷的教室里，我大声对她喊着：“不行！重来！再来！”我像个“魔鬼教练”似的发出一道道严厉的指令。我拿起书本，亲自为她做示范……功夫不负有心人，在这次大赛上，王娜作为一名参加工作不到两年的新兵，夺得了“二等奖”的第1名，3个月后，她和学校另外两名新教师被评为“大兴区小学骨干教师”。在这一届大赛中，我校有6名新教师参赛，有5名获二等奖以上奖励，这5名新教师工作年限最长也只有3年，其中3人还闯入区骨干教师行列，打破了新教师5年成才的常态。到2005年下半年，学校由2000年的没有区级学科骨干教师，发展到拥有8名区级学科骨干教师，甚至其中有两名被评为市级学科骨干教师，实现了学校教师队伍建设的“跨越式发展”。

青年教师杨薇这样谈到我对她的一次辅导：“……面对我在课堂上出现的问题，白校长直言不讳地提出不足。我当时的心情是复杂的，也想过是不是自己的能力太差，不能胜任这个任务。面对沮丧的我，白校长轻轻地对我说：‘先回家，晚上到我家去说课。’当我冒着雨来到她家时，她一句一句地为我分析，一句一句地鼓励我。时间飞快地过去了。半夜，当我走出白校长家，来到楼下看到爸爸、妈妈时，他们已经在车里等到睡着了。看着已经年过半百的父母，想着为了我的比赛而支持我的校长、老师，面对所有人的期待，我明白自己没有理由放弃自己……”这个刚刚参加工作仅1年的教坛新兵，在参加全区的青年教师教学基本功大赛时，经过“理论考核”“下水文”“朗读”“现场课”等环节后，在全区36名佼佼者中，获得全区第6名，综合成绩二等奖第1名。

(三)火中淬钢

北京小学大兴分校是一所高起点，拥有高社会期望值的学校。教育教学是学校发展的锚石。作为学校主管教学的副校长，我必须深入一线，把准教学的脉搏，不放过任何一点波动，不仅要为校长进行决策提供最科学的信息，而且也要成为学校教学的“中坚”。

每学期，除了要大量地听课掌握第一手资料外，我都为全校教师们上公开课，用亲身的实践一点点诠释自己对教学的解读，更愿意把自己的研究心得与教师们分享——只有这样我才能理解教师们的困惑，体会教师们工作的艰辛，指导起来也更具针对性。每次我的教学讲座都受到教师们的欢迎，他们觉得实在，听后知道努力的方向。两年间，通过我们的共同努力，学校由2005年有5名北京市骨干教师，发展到2007年有11名市级骨干教师。教师们的教学水平都有不同程度的提高。学校荣获了大兴区教育教学一等奖。

三、柔——爱是温暖和力量

(一)母女情深

记得有一次，我起早赶路去开会，丈夫照顾生病的公公没在家。临出门时，我轻轻嘱咐上小学二年级的女儿：“妈妈把门锁上了，待会儿醒了自己开门。”上午7:20，我的手机响了，女儿已哭得上气不接下气：“妈妈，我打不开防盗门了，怎么办呀?”我抑制住内心的焦急，尽量用平静的口气说：“别着急，慢慢开。”我在电话里鼓励着女儿，一次又一次，门终于开了。放下手机，我再也忍不住，眼泪“唰”地流了下来。女儿多次委屈地对我说：“妈妈，您能不能就陪我一天，一天就行!”我心里一阵阵发酸，却无言以对。

(二)感恩父母

我的父母遇到了烦心事，我在休息日时只要不加班，就赶回家里，前去解劝。但连日的疲劳让我在与父亲的交谈中就睡着了，等我醒来，父亲心疼地说：“你就不能在家住一宿?”我只能报以一笑，但晚上只要有时间，我就和父母打电话劝慰。有时打电话要一个多小时，父母那头心疼电话费，我就开玩笑劝说：“总比打车便宜吧!”有了新鲜的食品，我就利用中午一个半小时的休息时间来回打车近35千米赶着送回去。他们看我劳累的样子，都心疼地说：“注意休息。”自古忠孝难两全。而我觉得“忠”到了今日，应是忠于事业、忠于职守。

丈夫的奶奶年近百岁，每当她一段时间看不到我，就会不断念叨。我总会抽空和她一起聊聊天，吃吃饭。公婆都是年已七旬的老人了，碰上季节交替时，都会突然发病。一天晚上9点多，当我拖着疲惫的身体回到家时，女儿告诉我——急救车把爷爷拉走了！我顾不上歇口气，立即打车到医院，原来，公公的心脏病犯了，而丈夫此时在学校加班，恰巧他的手机又没电了，所以婆婆就告诉了我女儿。我赶紧与医生商量，联系住院，办好手续后，已近半夜，丈夫回家后闻讯匆忙赶到医院，内疚地说：“这里交给我，你回去休息吧。明天学校还一大堆事儿呢。”

对女儿，我力争做无微不至、关心她成长的好妈妈；对父母，我尽可能做个孝顺的好女儿；对丈夫，我想做个上得厅堂、下得厨房的好妻子……而且我真切地感受到，来自家庭的爱让我工作起来更有力量。

看似寻常最奇崛，成如容易却艰辛。“韧”“刚”“柔”——是我全部工作和生活的概括，也是我奋斗在小学教育战线上21年教育之歌的三部曲。今后，我将尽力用心血演绎小学教育的华美乐章。

——写于获得“北京市五四奖章”之际

后记：在生命的节点处修行

活着就是修行，把“修”跟“行”两个字放在一块，就是一种修改的过程。没有好或不好，一直在“修”，也一直在“行”。“行”是动的意思，“修”是正在更改它的各种形式、形态。所以生活是一种修行，本来就是正常，只要你在呼吸，每个细胞就在改变。只要你在反省，所有东西都不会有太坏的过程。

就如对自然教育的理解，经历从浅层次的“自然而然”到深层次的“本应如此”，不仅需要很多阅历，还要经过痛苦的自我否定的过程，并集合大家的智慧，不断地摸索与研究，深悟“本应如此的自在状态”，立本循道，精致圆满。始于精道，达于精到。从“道”至“到”，是学生在语言、思维、审美、文化等素养上优质发展的过程。这是一个不断超越自己的过程，语文教学如此，学校管理如此，人生诸事又何尝不是如此。我们对自己热爱的专业，始于“遵循本质与规律”，达于“精致到位”。

此书形成，既有多年的沉淀，也有一时的灵感闪现。感谢陈先云主任欣然题写书名，感谢实践导师李明新校长一直以来的鞭策与鼓励，感谢他在百忙之中写了饱含殷殷期望又高度肯定的序，感谢张光璎、王春明、吉春亚等语文教学大师们一贯的教诲与扶持，感谢各位多年的老老少少朋友们的情真意切的支持与厚爱，感谢睿智博学的理论导师余清臣教授的指点与帮助，感谢聪慧率真的徐苹老师的倾情与付出，感谢家人的一如既往的热爱与宽容……

感谢太多人，一并叩谢。

白纯舵
2021 年 1 月